河合 敦

●●

禁断の江戸史

教科書に載らない
江戸の事件簿

はじめに

江戸時代って本当に面白い！　調べれば調べるほど、つくづくそう思うようになった。だからここ数年は、この時代の調査や研究にかなりのめり込んでいる。

江戸時代は、徳川家康が慶長五年（一六〇〇）に関ヶ原の戦いに勝って覇権を握り、三年後に征夷大将軍に就任して江戸に幕府（政権）を開いたことをもって始まる。

その後、二百年以上にわたって平和が続いたのは、家康に続く秀忠・家光の時代に、強大な軍事力を背景として大名や朝廷、宗教勢力を徹底的に法律で統制したからである。もちろん、合戦ばかりの混乱の世紀（戦国時代）にうんざりしていた人びとが、徳川の治世を強く支持したことも大きいだろう。

昔の教科書では、江戸時代の評価はかなり低かった。鎖国によって世界の発展から取り残されたとか、士農工商の身分制度が厳しく、農民は武士から搾取《さくしゅ》されていたなど、誤った歴史があたかも事実のように教えられてきた。

これはある意味、明治政府の策略だったといえる。薩長倒幕派がつくった政府なので、自分たちがつぶした徳川政権は「悪」でないと都合が悪い。だから「日本が短期間で近代化したのは明治政府のお陰であって、江戸時代は暗黒の時代だったのだ」といった言説（幻説）をつくり上げたのである。いわゆる薩長史観というやつだ。だが、前著『逆転した日本史』（扶桑社文庫）でも解説したが、幕府は国を鎖《とざ》してなんかいなかったし、身分間の移動も可能だったし、金銭で武士（支配者）の身分も買えたのである。それに農民が常に重税で虐《しいた》げられていたわけではない。ギャンブルなどの娯楽もあったし、アイドルもいた。ホストクラブのような機能を果たしたお寺もあった。人びとはけっこう、安楽に暮らしていたのだ。

そもそも幕府が暴政を敷いていたら、江戸時代が二百年以上も続くはずがないだろう。にもかかわらず、明治政府や御用学者、マスコミによって、江戸時代のイメージはねじ曲げられてきたのである。

そこで本書では、これまで常識とされてきた時代概念を破壊するような、知られざる事件や新しい史実を多く紹介しようと思っている。どれも教科書に載っていない衝撃的な内容であり、まさに『禁断の江戸史』と題するにふさわしいと自負している。

たとえば、いまも存在する越中富山の薬売りは、じつは江戸時代、昆布の密売をしていたのである。そうしないと、薬を販売できなかったからだ。

鎖国といわれているのに、大都市には輸入雑貨屋があり、外国の品物が広く売買されていた。とくに長崎からはエジプトのミイラが多く輸入され、金持ちたちがそれを食していたのである。それは何のためにか。

お金をもらって女性の髪を結うと、結髪師だけでなく客も処罰された。その理由は、いまでは考えられないものだった。

馬が人の言葉を話すというフェイク・ニュースを流し、処刑された男がいた。なぜそこまで幕府は厳罰を与えたのか。

風邪が流行《はや》ると人びとは風邪に流行り物の名前を付けていたが、なんと、幕府は風邪の流行期、貧しい人びとに定額給付金を与えたのである。そうせざるを得ない事情があったのだ。

妊娠した女性はいま以上に胎教《たいきょう》に熱心で、そのガイドブックも販売されていたし、あの松下村塾の吉田松陰も妹に胎教を説いていた。

いかがであろう。これを読んで、ますます興味がわいたのではないだろうか。

また、本書では、有名な歴史人物の謎についても多く取り上げた。家康替え玉説、伊達政宗天下野望説、柳沢吉保百万石お墨付き説、鼠小僧義賊説、遠山の金さん入墨説など、これまで俗説や巷説《こうせつ》として広まっている話を、丁寧に検証してみた。本書をお読みいただければ、きっと改めてその真偽を理解していただけるだろう。

みなさんのイメージしていた江戸時代の概念は大きく揺れ動き、場合によっては崩れ去るはずだ。ぜひ江戸時代の本当の姿を存分に楽しんでいただきたいと思っている。

河合　敦

もくじ

2章　歴史人物の意外な真実

3章　知っているようで知らない江戸時代の仕組み

4章　誰かに話したくなる江戸の娯楽と習慣

5章　恐ろしくも不思議な江戸時代の罪と法

本書は二〇一八年に刊行した同名新書を一部加筆修正し文庫化したものです。

1章　江戸時代の驚きの事件簿

阿波おどりを踊りすぎて処罰された武士

「えらいやっちゃ、えらいやっちゃ、ヨイヨイヨイヨイ」、「踊る阿呆に見る阿呆、同じ阿呆なら踊らにゃ損々♪～」

そう、誰もが知っている阿波おどりのフレーズだ。毎年八月十二日からの四日間、徳島市内では、三味線や笛の音が響きわたり、激しい動きの踊りが繰り広げられ、街全体が熱狂の渦に包まれる。

この期間には、全国から百数十万人の踊り手や観光客が徳島市内に殺到する。徳島市の人口約二十五万人をはるかに上回る数だ。ところが二〇一八年、そんな大イベントが中止の危機に見舞われた。祭りでの巨額の累積赤字や主催団体間での内紛、主催団体と徳島市の対立などが原因だった。結局、二〇一八年は徳島市を中心とする実行委員会がつくられ、祭の開催主体となったが、その運営方法に反発する踊り手なども少なくなかった。このため二〇一九年は、完全な民間委託による阿波おどりが実施されることになったものの、なんと不運にも、台風が襲来して四日間のうち二日間が中止となり、祭の収支は一億円にのぼる赤字となってしまった。

さらにコロナ禍による中止や規模縮小も経た阿波おどりだが、その起源はいまから四百年以上前にさかのぼるらしい。

江戸時代、阿波徳島藩（二十五万七千九百石）が徳島市域を支配していた。藩主の蜂須賀《はちすか》氏は小六正勝《ころくまさかつ》が秀吉のもとで栄達して大名となり、その子・家政が阿波一国を拝領して徳島城をつくった。城が完成したとき、家政は領民に無礼講を許し、人びとは七月十五日と十六日の二日間、乱舞した。以後、徳島城下ではこの両日のみ踊りが許され、阿波おどりの伝統が生まれたと伝えられる。ただ、この説は明治四十一年（一九〇八）の『阿波名勝案内』（石毛賢之助編）に初めて登場したもので、史実だとするのは難しいようだ。

江戸時代の比較的早い段階で成立した『三好記』には、この地域の領主だった十河《そごう》存保《まさやす》（三好長慶《ながよし》の甥）が、天正六年（一五七八）に勝瑞《しょうずい》城下において、庶民の風流《ふりゅう》踊りを見物したという記録がある。その風流踊りこそが、阿波おどりの起源であるという説だ。風流踊りというのは、七月の盂蘭盆《うらぼん》に際して町や村が一つの構成単位となり、仮装して行列で練り歩く祭りだ。

いずれにせよ、起源ははっきりしないものの、四代将軍・徳川家綱時代の明暦二年（一六五六）には確実に存在した。というのは、「盆の三日間だけ踊りを許可するが、寺院の境内に入り込んで踊ってはならない。また、藩士は野外に出ず、屋敷の中で踊るように」という徳島藩の通達が出ているからだ。

町人との揉《も》め事を嫌ったのか、徳島藩は家中の武士たちが市中に出て踊ることを厳しく禁じている。興味深いのは、それでも藩士たちは踊りのイベントに加わりたかったようで、屋敷の敷地に町人たちを招き入れて踊りを見物したり、自分の代わりに町で踊る者を雇ったりしていることだ。中にはこらえきれず、覆面や頭巾などで顔を隠して市中へ忍び込んで踊る者もあったという。

天保十二年（一八四一）には、とうとう阿波おどりのために改易される武士が出た。しかも、驚くべきは、処罰されたのが十代藩主・蜂須賀重喜《しげよし》の実子だったことだ。当時、中老をしていた蜂須賀一角《いちがく》（石高千石）である。一角は、「市中の踊り舞台に出向いてはいけない」という禁令を無視し、祭の本番中にがまんできずに屋敷から抜け出し、取り締まりの番士に見つかってしまう。一角はすぐに自宅に連れ戻され、謹慎処分として座敷牢に入れられた。なのに翌年七月、またも牢から抜け出して外で発見されたのである。ただし、一角がいたのは、領内ではなかった。讃岐国白鳥《しろとり》である。有名な白鳥神社があり、時期が七月であることから夏祭りに参加していたのではないだろうか。徳島と白鳥の距離は三十五キロほどだが、江戸人の健脚なら一日で到着し、次の日には戻ってこられる。が、不運なことに一角は徳島藩の商人に見つかって飛脚で通報され、再び屋敷の牢にぶち込まれたのである。

九月に参勤交代から戻ってきた十二代藩主・斉昌《なりまさ》はこれを知って激怒、なんと一角を追放処分とし、家は改易とした。しかし十一月になって中老・蜂須賀家には養子を迎えて家を再興、一角は引き戻され再び座敷牢に入ったのである。その後、一角がどうなったかはわからない。いずれにせよ、ずいぶんと厳しい処置である。

徳島藩は、家中に対して厳しかっただけではなく、じつは領民にもかなりうるさく阿波おどりを制限してきた。江戸時代半ばまでは、阿波おどりはいまと違って、「組踊り」という形態が主になっていた。町ごとに総勢百人を超える踊り手と囃子《はやし》方を組として組織し、三味線を先頭に巨大なあんどんをかかげて壮麗な踊りを繰り広げていくのである。他町に対してどれだけ派手で奇抜な踊りを見せるかで、互いの町組は激しく競いあった。

徳島藩としては、徒党を組んで町人たちが競演するのを嫌い、江戸中期以降、何度も組踊りを禁止した。このため、江戸後期になると「ぞめき踊り」が主流になってくる。

「ぞめき」に漢字をあてると「騒」となる。字面《じづら》のとおり、三味線を筆頭に笛や太鼓を騒がしく奏《かな》でながら、個々に踊る形態に切り替えたのである。そして皮肉なことに、これが阿波おどりを飛躍的に発展させる結果になった。

型の決まった集団戦ではなく、騒がしくも単純なリズムにあわせ、個人が手をあげて横に激しく振り、足で地を蹴って進めばよい。つまり、個人が踊りの列に容易に飛び入り参加できるようになったのである。ただ、組踊りのほうも消滅したわけではなく、明治期から「組」は「連《れん》」と呼ばれ、阿波おどりを主導する存在となる。

さて、阿波おどりを制限した徳島藩だが、全面的に禁止することはなかったが、廃藩の一年前、たったの一度だけ踊りを取りやめさせたことがある。明治三年（一八七〇）の稲田騒動のときだ。

十二代藩主・斉昌に後継者がいなかったので、将軍・家斉の第二十二男を養子とし、十三代藩主とした。それが蜂須賀斉裕《なりひろ》であった。このため、外様ながら幕末の徳島藩は親幕的であり、斉裕は幕府の陸軍総裁になっている。さらに多数の藩士を京都へ派遣して幕府の一橋慶喜に協力して公武合体政策をすすめた。

ところが、徳島藩の家老の稲田邦植《くにたね》（洲本城代・約一万四千石）は、尊攘派として急進的な行動をとっていた。だから徳島藩は幕末に統一的な行動がとれなかった。そのうえ藩主・斉裕は、鳥羽・伏見の戦いの直後に四十八歳の若さで病死してしまう。新藩主には斉裕の次男の茂韶《もちあき》がついたが、すでに数年前から彼は京都で政局に積極的にかかわり、朝廷に生まれた新政府内では公儀政体派の松平春嶽《しゅんがく》らと協力して、新政府軍の徳川討伐を止めようと動いた。

けれど、その建言は受け入れられず、東征軍は江戸へ向かって出立してしまう。このため茂韶も観念し、「我が藩も東征の列に加えてほしい」と願い出る。慶応四年（一八六八）三月、茂韶は新政府の議定《ぎじょう》に任じられ、刑法事務局輔を兼ね、翌明治二年に版籍奉還が実施されると、徳島藩の知藩事となり、国元へ戻って藩政改革をすすめた。

そんな徳島藩に翌明治三年、激震が走った。本藩徳島の家臣が士族となったのに、家老の稲田氏の家臣たちは陪臣《ばいしん》ということもあり、卒族（士族より格下の地位）とされたのだ。不満に思った稲田氏は「家中の者を士族に取り立ててほしい」と本藩に掛けあうが聞き入れられない。するとなんと、徳島藩からの独立を新政府に働きかけたのである。

この動きに徳島藩の家臣たち（一部）が激昂、同年五月、稲田氏の屋敷やその拠点である洲本地域を襲撃し、多数の死傷者を出した（稲田騒動）。新政府はこれを知り、一時は茂韶の知藩事罷免《ひめん》も検討したが、結局、首謀者の徳島藩士・小倉富三郎ら十名を死罪とし、そのほか百人以上を処罰することで決着をつけた。そして稲田氏に対しては、北海道の静内《しずない》と色丹島《しこたん》（現・北方領土）に新地を与え、彼らを士族に遇して移住させ、同地を開拓させることにしたのだ。なお、このときの労苦は、吉永小百合主演の映画『北の零年』で知ることができる。

こうした大騒動の勃発により、明治三年の阿波おどりは全面禁止となったのである。翌明治四年、廃藩置県により徳島藩は消滅した。だが、以後も阿波おどりは続いていった。ただ、日中戦争が始まると、自粛というかたちで昭和十二年（一九三七）から再び阿波おどりは中止となってしまった。正式に復活したのは昭和二十一年のことだった。

ただ、まことに意外だが、「阿波おどり」という言葉が定着したのは、戦後になってからだったとされる。大正時代から少しは使われはじめていたが、単に「盆踊り」と呼ぶのが一般的で、「阿波おどり」というのは地元でもなじみのない言葉であった。それを昭和初期に徳島県の郷土史家・林鼓浪《ころう》が「阿波おどり」の用語を推奨、それが戦後に広まり、県外に知られるようになり、観光客が多く訪れるようになったのだ。

多数の死傷者を出した江戸の三大祭り

日枝《ひえ》神社の山王《さんのう》祭と神田明神の神田祭を天下祭りと呼んだが、これに富岡八幡宮の深川祭を加えて、昔の人は江戸三大祭りと称していた。

深川祭の別名を「水かけ祭り」というのは、神輿渡御《みこしとぎょ》の行列に見物人たちが水をぶっかけたからだ。まるでタイのソンクラーン（旧正月のお祭り）のように激しく水をかけるので、神輿の担ぎ手も見物客もみなびしょ濡れになった。もともとは、深川（辰巳《たつみ》花街）の芸者たちが、担ぎ手たちの足元に水をかけ、彼らの安全を祈ったのが由来だというが、珍しい風習なので、祭日には江戸市中から深川に多くの見物客が殺到した。

江戸中心部から深川に行くには、永代橋を渡るのが一番の近道だった。永代橋は、五代将軍・徳川綱吉の五十歳を祝ってつくられたが、両国橋など大川（隅田川）にかかるほかの橋よりも水面から高く架けられている。橋のすぐ上流に多くの蔵があり、大型の廻船が出入りするからだ。だから「此橋（永代橋）すぐれて高し、富士、筑波をはじめ、伊豆、箱根、安房、上総限りなく江戸中眼下にありて眺望なゝめならず、江府（江戸）第一の大橋なり」（俳人の菊岡沾涼《きくおかせんりょう》著『江戸砂子』より）といわれ、橋上からの景観は素晴らしかった。

ただ、火事や破損で頻繁に修理や架け替えが必要なので、八代将軍・徳川吉宗は、なんと経費節減のため、享保四年（一七一九）に橋を撤去することに決めてしまう。これを知って驚いた深川の町人たちは、「永代橋の維持・管理費は、すべて自分たちが負担するので存続させてほしい」と町奉行所に嘆願書を提出。ようやく許可がおりると、のちに橋の渡り賃として一人二文を集めるようになった。

文化四年（一八〇七）八月十九日、深川祭があるというので、多くの人びとが早朝からこの永代橋を渡って深川へ続々と入り込んできた。その数は、尋常ではなかった。なぜなら、深川祭が開かれるのは十二年ぶりのことだったからだ。じつは、祭りで大きな喧嘩があったため、幕府によって開催を禁じられていたのである。

それがこの年ようやく解禁となったわけで、深川の各町の人びとも、かなり早い時期から山車《だし》や練り物づくりに余念がなかった。江戸っ子も久しぶりの深川祭に大いに期待し、当日にどんな山車や練り物が出るのかを一覧にした『深川八幡宮御祭礼番附』も発行されるほどだった。

ただ、祭り当日の八月十五日はあいにくの大雨、残念ながら本祭は延期となってしまった。そして、待ちに待った十九日、ようやく祭りの本番がやってきた。

当日早朝、富岡八幡宮から三神輿が出御《しゅつぎょ》。真ん中が八幡神、左右が伊勢大神宮（天照大神）と春日大明神である。大神輿なので神輿の担ぎ手は百人いた。が、どうしたわけか持ち上げようとしてもビクとも動かず、なぜか神輿本体から水が汗のようにしたたり落ちる奇妙な現象が見られた。これが、もしかしたら虫の知らせだったのかもしれない。その後、何とか神輿を担ぎ上げることができた。

久しぶりの深川祭ということで、江戸市中から人びとが集まり、時間を追うごとに永代橋も大混雑となった。ところがである。永代橋の番人が突然、橋の両側に綱を張り、通行止めにしてしまったのである。御三卿の徳川斉敦《なりあつ》を乗せた船が橋下を通過するので、無礼がないようにとの配慮からだった。こうして深川へ向かう人びとは、橋の手前でおよそ半刻（一時間）近くも足止めされた。このため、橋のたもとや広小路は、人であふれてしまった。一刻も早く深川へ行きたい。そういらだちはじめた頃、通行禁止の綱が解かれた。喜んだ群衆は一斉に橋に殺到し、橋上を深川方面へと走り始めた。

永代橋は、たちまち人で埋まってしまった。このとき、異変が起こった。橋がいきなり動いたのである。群衆の重さを支えきれず、橋脚の一部が地中にめり込んだのだ。結果、深川方面へ十間（約十八メートル）ばかり進んだ箇所で、橋桁が三間（約五・五メートル）ほど崩れ去ったのだ。このため橋に大きな切れ目が生じ、その隙間から人びとが次々に大川へ転落していった。遠くから見ると、まるで米粒が橋上からぼろぼろとこぼれ落ちるようだったという。

　普通なら異変を察知して、人びとはすぐにもと来た道を引き返したはず。だが、大群衆が騒ぎ立てながら先へと急ごうとするので、その喧噪《けんそう》に事故現場の阿鼻叫喚《あびきょうかん》の声はかき消されてしまった。さらに「なぜ前に進まないのだ」と不満に思った後方の人びとが、いらだって、ぐいぐいと押したため、橋の切れ目にいた者たちが次々と押し出されるようにして、川の中へと転落していった。少なくても千人、一説には二千人近くの死者・行方不明者が出たといわれる。前代未聞の大惨事であった。

　しかし、このとき機転を利かせて犠牲を止めた武士がいる。南町奉行同心の渡辺小左衛門である。橋を渡っていた小左衛門は前方の異変に気づくや、とっさに大刀を抜き放ち、振り返って白刃を高々とかかげて後ろへと進み出したのである。

「刀を振りかざした異常者が近づいて来る」

　仰天した人びとは一斉に後ずさりして、そのまま橋のたもとに向かって逃げ出した。これを見た後方の群衆も、ワケもわからず踵《きびす》を返して逃げ去った。こうして小左衛門は、多くの人びとの命を救ったのである。現場へ駆けつけた山東京山（岩瀬百樹《ももき》）は、随筆『蜘蛛の糸巻』の中でその行為を「此人なくんば猶幾《なおいく》人か溺死せん、無量の善根《ぜんごん》といふべし」とたたえている。ただ、同時に京山は犠牲者の悲惨な状況も描写している。

京山が隅田川のほとりに立っていると、こちらに向かって小舟が来る。よく見ると、縄でくくりつけた遺体を水中で運んでいるではないか。それは十六、七歳の色鮮やかな小袖を着た娘だった。白粉《おしろい》も落ちない美しい姿だが、水の中で髪は乱れていた。船の中では顔に袖を当てて号泣する四十歳ぐらいの母親と思われる女が乗っていた。また祭り姿の五歳ばかりの男児の骸《むくろ》を老人が泣きながら抱いて歩いていく姿もあった。川面には、練り物に使う花笠やはさみ箱などが多く漂っていた。

川岸には続々と遺体が搬送され、当初は一カ所に集めて安置していたが、あまりに数が多く、遺族が探しにくいということで、年齢や性別で分け置いたり、絹服と木綿服に分けるなどしたという。それほど犠牲者が多かったのである。京山は最後に「おのれ七十年来、大火洪水の死亡はきゝ、たれど、同じ時、同じ所にて、一瞬の間に幾百人水死したるは、古今きゝ、およばざる一大変事なり」（『蜘蛛の糸巻』）と嘆息している。

狂歌で有名な大田南畝《おおたなんぽ》（蜀山人《しょくさんじん》）もこの日、舟で深川祭に出かけている。ちょうど両国橋を過ぎたあたりで、人びとが岸辺に集まり騒いでおり、永代橋の事故を知った。そんなこともあり、のちに事故にまつわる幽霊の話を『夢の浮橋』に書きとめている。

それによれば、京橋水谷町で材木商をしている藤兵衛は、銀座二丁目に手ぬぐいなどを売る店を出したが、じつは妻に内緒で店内に愛人を囲っていた。妻は噂で夫の不義を知り、それを探っているうちに、深川祭に夫が愛人と出かけることを知った。腹を立てた女房は、当日になって突然、慌ただしく外出の準備を整え、藤兵衛に向かって「さあ、あなた。深川のお祭りを見に行きましょう。連れて行ってよ」とせがんだのである。これを聞いた藤兵衛は狼狽《ろうばい》し、「俺は行かない」と拒否してしまう。言った手前、ばったり妻と祭りで遭遇したら困るので、愛人と出かけるわけにもいかず、仕方なく家にいたのである。ところがしばらくして、永代橋崩落事故を知る。すぐに使いを出したところ、この事故で妻が死んだというではないか。

やがて妻の遺体と対面した藤兵衛は、彼女のことを哀れに思い、後悔した。だが、ちょうどその頃、愛人の家に死んだ妻が現れ、うらめしげにジッとその愛人を見たという。そして初七日を迎えた日、今度は愛人の手ぬぐいの店に数千の蜂が群がるという怪奇現象が起こり、店の者が驚いて追い払うと、南のほうへ飛び去った。これも死んだ妻の仕業ではないかと言いあったと『夢の浮橋』にある。

この事故について大田南畝は、「永代と　かけたる橋は落ちにけり　きょうは祭礼あすは葬礼」。そんな狂歌を詠んでいる。

興味深いことに、この大惨事を予測した人がいる。『南総里見八犬伝』の著者・曲亭馬琴だ。

じつはこの日、馬琴の妻が十四歳の長女を筆頭に三人の子どもを連れて深川祭の見物に行っていた。知人から招待されたのだった。ただ、馬琴は永代橋の欄干《らんかん》に朽《く》ちた箇所があるのを見ていた。しかも、安永年間（一七七二〜八一）に、仙台藩の伊達氏が豪勢な花火を打ち上げるというので、萬年橋《まんねんばし》に人びとが殺到。このとき朽ちた欄干が倒れ、人びとが落下して死者が出たことも知っていた。だから馬琴は、今回もそうした事故が起こるかもしれないと心配し、妻子を早朝に出立させたのだ。のちに「今朝はやく（家族を）出しやりしハ、われながらよくも量《はか》りつるかな」（『曲亭雑記』）と自慢している。

いずれにせよ、久しぶりの深川祭は、永代橋が壊れて多数の犠牲者を出すという前代未聞の大惨事になってしまったのである。

越中富山の薬売りは、じつは昆布の密売人だった？

「越中富山」と聞けば「薬売り」というフレーズ以外、私の頭には浮かんでこない。子どもの頃から薬売りが自宅に置き薬の交換にやってくるのが待ち遠しかった。お土産として珍しい紙風船をもらえるからだ。ただ驚くのは、富山の薬売りは江戸時代から存在し、すでに客に土産物を配るという風習も存在していたことである。

富山の薬売りは、第二代富山藩主・前田正甫《まさとし》の善行から始まったとする説がある。時は元禄三年（一六九〇）十二月十五日、江戸城内で三春（現・福島県田村郡三春町）藩主の秋田輝季《てるすえ》が急に腹痛を訴え苦しみはじめた。近くにいた前田正甫は、すぐに印《いん》籠《ろう》から薬を取り出して与えた。するとあら不思議、輝季の痛みはウソのようにおさまってしまったのである。

その薬は「反魂丹《はんごんたん》」と称する、いまでいう総合胃腸薬であった。「死者の魂を呼び返す」ほどの効果があるというのが名の由来で、もともとは中国の薬だ。室町時代に堺の商人である万代《もず》掃部助《かもんのすけ》が中国人から反魂丹の処方箋を手に入れ、代々、同家に伝えられてきたが、十一代目の万代《まんだい》常閑《じょうかん》のときにひょんなことから富山藩に伝来した。

常閑は岡山藩の医師をしていたが、長崎で正甫の家来・日比野小兵衛が癪《しゃく》（胸や腹に起こる激痛）を起こしたさい、その場に居あわせ、秘伝の「反魂丹」で治してやったのである。しかも常閑は、その製法まで小兵衛に教えてくれたという。以後、小兵衛は反魂丹を自家製造して持ち歩くようになったが、あるとき主君の正甫が腹痛を起こした。そこで小兵衛が反魂丹を献上すると、これまたあっという間に症状が改善。

それからは正甫も反魂丹を携帯するようになったと伝えられる。

なお、反魂丹の伝来については異説もある。万代常閑が富山に来たとき、正甫に世話になったので、そのお礼として製法を伝えたという説だ。

いずれにしても、江戸城内での一部始終を見ていた大名たちが、「どうかその薬をうちの領国でも販売してくれないか」と頼み込んできた。正甫はこれを快諾し、地元の薬種商である松井屋源右衛門に「反魂丹」を製造させ、八重崎屋源六に諸国を回って売り歩くよう命じた。これが富山の薬売りのはじめだとされる。

ただ、この話はあくまで伝承であり、売薬りの仕組みはもっと古くからあったらしい。

富山城下にほど近い立山連峰は日本三霊山の一つといわれ、古来より修験信仰が盛んだった。そんな立山のふもとに芦峅寺《あしくらじ》地区があるが、そこに住する御師《おし》（修験者）たちは立山信仰を広めるため、各地に出向いて立山曼荼羅《まんだら》を見せて縁起《えんぎ》を語るなどして布教活動を展開、立山への参詣を誘致してきた。

布教のさい御師らは護符や祈禱札《きとうふだ》、死者に着せる経衣《きょうえ》を販売した。その販売方法は、とても変わっている。あらかじめ旅籠《はたご》（旅館）や豪農、商家などに品物をたくさん預けておき、翌年、売れた分の代金を回収し、また新しい品を補充したのだ。まさしくこれは富山の薬売りと同じ手法だった。しかも御師たちは、信者に自家製の薬を土産として配ったという。どうやらこの商慣行が、富山の薬売りの由来と大いに関係しているのではないか、そう近年は考えられるようになっている。

富山の薬売りの販売方法を「先用後利《せんようこうり》」という。まず先に客に商品（薬）を渡して使ってもらい、使った分の代金を春と秋にいただく。そのさい新しい薬を補充するというシステムだ。

客にとっても薬は万一のときの必需品であり、それほど場所をとるものでないからまったく損はない。だから薬売りに大きな失態がない限り、一度顧客になった家と縁が切れることはない。毎年二回は必ず顔をあわせ、それが恒例行事となり何十年と続いていく。子の代、孫の代、場合によっては二百年以上、双方の人間関係が続くことも珍しくない。つまり身内同然になるのだ。だから客は、気安く薬売りに縁談を頼んだり、「次に来るときは、ついでにこの品物を買ってきてくれないか」と依頼したり、「旅のついでに遠方の知りあいに手紙を届けてほしい」といった頼まれ事もするようになる。こうして薬売りは顧客と深い絆でつながり、そのつてをたどって新たな顧客を獲得していくのである。じつによくできた経営システムだ。

江戸時代の薬売りの格好について詳しいことがわからないが、明治時代になると写真が残っている。それを見ると、歩きやすいように着物を腰のところで折り曲げて角帯をしめ、股引《ももひき》をはいて脚絆《きゃはん》と手甲《てっこう》をつけ、着物の上からは前垂れをかけている。薬は大きな柳行李《やなぎごうり》に入れ、風呂敷につつんで背中に背負うのが一般的だったようだ。

柳行李は通常五段に重ねられている。一番上の行李には携帯型の矢立《やたて》や硯箱《すずり》、燭台、算盤《そろばん》などが入っている。二段目は顧客に配布するお土産がぎっしりつまっている。紙風船もあるが、いまでは考えられないものが土産として配布された。たとえば氷見《ひみ》（現・富山県氷見市）でつくった丈夫な縫い針セット、越前若狭の竹製の塗り箸、金沢の九谷焼の徳利や盃などである。これらは大量に発注することでとても安く仕入れることができた。また、売薬版画といって美しい錦絵《にしきえ》（カラー版画）も土産の一つであった。売り上げの五パーセント程度は土産物の購入に充てたというからけっこうな比率だ。

薬売りは「懸場帳《かけばちょう》」と称する帳面を持っているが、「懸場」というのは業界用語で顧客のことをさす。つまり懸場帳は売り上げ台帳のことで、帳面には顧客の氏名・住所、預けてある薬の種類や数、売掛金額、薬の入れ替え時期、顧客の親類・知人、付近の地理などが事細かに記されている。

懸場帳を所持する薬売りを帳主というが、懸場帳は売薬をおこなう権利（株）でもあり、売買や担保の対象となった。帳主は一人で顧客を回りきれないことが多く、そういったときは代金回収と配薬を手伝ってくれる若い衆を雇う。彼らを連人《つれにん》・助人と呼んだ。場合によっては十数人の連人や助人を伴って富山を出立する帳主もいる。

富山藩では、薬売りが急増して藩の税収を潤すようになると、帳主たちに「向寄《むより》」という株仲間（同業者組合）を組織させ、販売地域や方面ごとに二十組程度にまとめて管轄するようになった。

また、明和二年（一七六五）に「薬種改座」を設置して薬の製造も管理した。さらに文化十三年（一八一六）には薬売りを統括する「反魂丹役所」を設置する。この役所では薬売りを統制したり税を徴収するだけでなく、彼らに金銭を貸与したりトラブルの解決にあたったりと、保護する機能も果たした。また、薬袋に用いる紙の優先的配分や薬を運ぶ運搬船に藩船を提供するなど、売薬業はまさに藩ぐるみの商売に発展していったのである。

向寄は、旅先でのトラブルを避けるため独自の掟《おきて》を定めた。これを「示談」と呼ぶ。「連人・助人に他国人を雇わない。旅先で医療行為をしてはならぬ。人に対しては丁寧に応対すること。宿では実名を名乗り、派手な行動は慎《つつし》む。定宿は変えてはならぬ。薬代の割引は三割が限度。旅先ではその藩の法度《はっと》を遵守《じゅんしゅ》せよ」などこと細かな規定がつくられ、違反者には厳しい制裁が科された。なぜなら販売先での揉め事は、薬売りの死活問題になるからだ。「差留《さしとめ》」といって相手の藩から営業禁止処分をくらってしまう可能性があるのだ。

そもそも諸藩にとって、富山の薬売りが領内に入り込んでくるのは好ましいことではない。というのは、領民に大量の薬を売りつけ、その売上代金を藩外へ持ち出してしまうからである。藩を一つの国家にたとえるなら、国内から正貨が流出するようなものだ。しかも領民が富山の薬売りに依存することで、藩内の売薬業の発展は阻害される。しかもケチで有名な富山の薬売りが藩内で散財して金を落とすことは少ないし、彼らが藩に上納金を払ってくれるわけでもない。それに領内の極秘情報が薬売りによって外部に漏れてしまう恐れがある。

このため諸藩では、富山の薬売りが問題を起こすと、すぐに人数を制限したり、販売できる薬の種類を減らしたりした。そしてときには、差留処分を申し渡したのである。

そうなったとき富山の薬売りたちは、向寄や組単位で、猛然と差留解除運動を展開した。各藩には、差留を解除するよう働きかけてくれる仲介人が存在したが、彼らに莫大な金銭を渡し、制裁した藩への献金・献物、さらには薬代の値引きを約束した。

富山藩においても薬売りは大切な税源なので、差留をした藩に対して解除を直接依願した。こうしてあらゆるツテをたどって行商が再開できるよう、富山藩では役人と商人が一体になって、涙ぐましい運動をおこなうのである。

とくに頻繁に差留をおこなったのが薩摩藩だった。富山の薬売りの薩摩組の中心になっていたのは能登屋（密田林蔵家）であったが、同家に残る古記録には、差留を解除してもらうにあたり、仲介者や薩摩藩に対し一年の売り上げを上回る献金、熊胆《くまぎも》、晒《さらし》などの献上の記録が残っている。

興味深いのは、差留解除の条件として薩摩藩へ蝦夷地《えぞ》（北海道）の昆布を輸送したことであろう。薩摩藩は昆布が喉から手が出るくらい欲しかった。財政難だったので、薩摩藩は支配下にある琉球を通じて昆布を大量に清国（中国）へ密輸して大もうけしていたからだ。ただ、昆布は寒冷な蝦夷地でしか採れない。それを本州へ輸送したのは北前船であった。大坂から瀬戸内海を通って下関海峡から日本海へ抜け、蝦夷地を往復する交易船の総称だ。薩摩は北前船ルート（西廻り航路）から外れていたので、昆布の入手は難しかったのだ。そこで北前船を所持する薬売りの能登屋に、差留解除の代償として昆布の輸送を命じたのである。このように富山の薬売りは江戸時代、薩摩藩の密輸の片棒を担いでいたのである。

さる大名のなんともくだらないお話

元肥前平戸藩主の松浦静山《まつうらせいざん》は、二十年にわたって最晩年まで随筆を書き続けた。それが『甲子夜話《かっしやわ》』（正篇百巻、続篇百巻、第三篇七十八巻）だが、その中に、少年の頃に聞いたという何とも奇妙な話が載っている。ちょっと紹介しよう。

江戸の芝高輪《たかなわ》の片町に、貧しい医者が妻と暮らしていた。いつもは一人も患者が来ないのに、あるときにわかな訪問者があった。しかも、身なりのよい武士である。戸口に医者の妻が出ると、その武士は「家人が急病になったので、屋敷まで往診に来て欲しい」と頼んでくる。そこですぐに夫に取り継いだが、その医者は武士に向かって「わたしは医を生業《なりわい》としていますが、治療に自信がないのでほかをあたっていただきたい」と断ってしまったのだ。偉いお侍さんを前にきっと臆したのだろう。

ところがその武士は「ならぬ。必ず来るのだ」というではないか。たじろいた医者はなおも固辞するが、それでも強いて連れて行こうとする。道ばたには、すでに駕籠《かご》が用意されていた。困る夫の姿を見かねた妻は、「うちにははさみ箱を持つ従僕《じゅうぼく》さえいないのです」と夫に代わって断ったが、「ならば、私の従者に持たせればよい」と言って、結局、その武士は強引に医者を駕籠に乗せて去ってしまった。

不審に思った妻はこっそり駕籠のあとをついていったが、半町ほど進むと、なんと駕籠の上から縄をからげ、ぐるぐると縛りあげ、外に出られないようにしてしまったのだ。

「これは、盗賊に違いない！」と仰天した妻だが、そのいっぽうで「うちは貧乏で一銭の蓄えもないのに、夫を連れ去って何の得があるのか」という疑問も心の内に芽ばえた。いずれにしても、腕力で奪い返すわけにもいかず、ただただ悲嘆に暮れてしまった。

さて、駕籠に乗せられた医者のほうである。どこに連れて行かれるのか心配になった頃、急に駕籠がとまった。「出たまえ」と声がしたので、戸を開けてみると、立派なお屋敷の玄関前だった。しかも、すぐに数人の武士たちが迎えに出てきて、屋内へと案内された。いくつもの部屋を通り抜け、書院とおぼしきところに通され、それからかなり長いあいだ、待たされた。何の音沙汰《おとさた》もないので、悪いことが起こるかもしれないと心配になり、屋敷から逃げ出そうかと迷っているとき、向こうから七、八歳ぐらいの小坊主が茶台をささげながら近づいてくる。

が、よく見たら、なんと目が一つしかないではないか——。「あっ、一つ目小僧だ！」そう医者は心中仰天し、恐怖におののいていると、まもなくして今度は、巨人が煙草盆を運んできたのだ。どう見積もっても七、八尺（二メートルを超える）もあり、総角《みずら》（髪を右左に分けて耳のところで縛った童子の髪型）姿だった。とても人間とは思えない。

「やはりここは、化け物屋敷だ！　大変なことになった」と驚愕《きょうがく》した医者は、屋敷から逃げ出すことを考えるが、そもそもどこをどう通ったら外に出られるかがわからない。あたふたしていると、はるか向こうに十二単《ひとえ》を身につけた容顔端麗な、まるで神様や仙人のごとき女性がこちらを見ている。医者は「あの者こそ、妖怪屋敷の王に違いない！」そう確信し、「あの女が近づいてきたら、俺はもう終わりだ」と恐怖を覚えたが、幸い、彼女がこちらに来ることはなかった。

安堵しているとまもなく、正装をした武士が現れ、「お待ちどおさま。いざ案内をいたします」とうながしてきた。恐ろしくはあったが、もう逃げるのを観念して、医者はそのままあとを付いていった。

ある部屋の前で立ち止まった案内人が「こちらが病室です」と襖《ふすま》を開くと、なんと、中では豪勢な酒宴が開かれていたのである。室内に入ると、客の一人が「さあ、まずは一献」と盃を差し出してきた。医者は丁寧に断ったが、無理やり盃を持たされたので、仕方なく一口飲んだ。最初は警戒していたものの、美しい芸妓たちがやってきてはお酌をしてくれ、素晴らしい歌や踊りもあってと、ついつい気分がよくなって飲みすぎ、泥酔して意識を失ってしまった。

いっぽう医者の妻は、心配で心配で、寝ないで夫の帰りを待っていると、明け方、戸を叩く音がする。そこですぐさま戸を開けると、なんと目の前に赤鬼と青鬼が駕籠を担いで立っているではないか！

肝をつぶした妻は、慌てて戸を閉めて屋内の奥に逃げ込んだが、さすがに夫を見捨てることもできず、しばらく経って戸の隙間からそっと外の様子をうかがうと、もう鬼はおらず、駕籠だけがポツンと置かれてた。やがて夜が白々明けはじめたので、勇気を振り絞って外に出て駕籠の戸を開けてみた。中には夫が素っ裸で横たわっている。「死んでいるのか」と思い、様子をうかがったところ、熟睡していびきをかいている。

妻はあきれながら、かたわらにあった風呂敷包みを開いてみた。そこには夫が着ていた服のほか、新しい服や襦袢《じゅばん》、紙入れなどが入っている。まるで狐につままれたようで、酔いが醒《さ》めた夫に尋ねても、まったく要領を得ない。やがてこの話を二人がしゃべったのだろう、それが噂となって町内で知らぬ者がいないほどになった。

だが、じつはこれ、元松江藩主・松平宗衎《むねのぶ》が仕組んだ退屈しのぎのイタズラだったのである。そう松浦静山は、『甲子夜話』に記している。事実、宗衎は大の妖怪好きで、絵師の狩野梅笑《ばいしょう》に屋敷の一室に天井にまでびっしりと化け物の絵を描かせるほどだった。それにしても、なんとも馬鹿げたイタズラをする殿様だ。

ちなみに二メートルを超える巨人だが、これは、釈迦ヶ嶽雲右衛門《しゃかがたけくもえもん》という松江藩お抱えの力士であった。じっさいに身長が二メートル二〇センチを超える長身だった。宗衍の松江藩は幾人もの力士を抱えていた。たとえば、二百五十四勝十敗という強豪の雷電為右衛門《らいでんためえもん》、横綱の陣幕《じんまく》久五郎なども松江藩のお抱えだった。享和元年（一八〇一）の相撲番付を見ると、西方の幕内のうち上位六人を松江藩の力士が独占している。

出雲の紺屋《こうや》の息子として生まれた釈迦ヶ嶽もかなり強かったが、とにかく背が高いので目立った。大きすぎて駕籠に乗れなかったとか、群衆の中で腰から上が見えている人物がおり、当然、馬に乗っているのだろうと思っていると、それは釈迦ヶ嶽だったという逸話がある。「釈迦ヶ嶽　二階から目へさし薬」といった川柳も残っている。

噂を聞いた後桜町天皇は釈迦ヶ嶽を招き、目の前で土俵入りを披露させている。その後、褒美として関白から緒《お》二本を与えられた。その緒を見た松平治郷《はるさと》（宗衍の子で第七代松江藩主・不昧《ふまい》公）は「これは、恐れ多くも天子様の冠の緒だろう。おまえは冥加《みょうが》な奴だ。出雲国は野見宿禰《のみのすくね》（相撲の祖とされる神）以来、相撲のほまれの国。おまえがこの緒を賜ったのは、まさにわが藩の誇りだ」と大いに喜び、側近に命じて神棚をつくり、その緒を祀ったという。

ただ、残念ながら釈迦ヶ嶽は二十七歳の若さで現役のまま病死してしまった。ちょうどお釈迦様の入滅の日に死んだので、人びとは四股名《しこな》との奇縁を不思議がったという。ただ、このとき治郷が緒を祀るためにつくった神棚が激しく鳴動した。これを恐ろしく思ったのか、治郷はその緒を出雲大社に奉納したのだった。なお、釈迦ヶ嶽の巨大な裃《かみしも》や足袋は、現在も松江市の賣布《めふ》神社に所蔵されている。

続いて、医者を驚かせた容顔端麗な女だが、じつは瀬川菊之丞《きくのじょう》という歌舞伎役者だったそうだ。時期的に考えるとおそらく三代目菊之丞だと思われるが、女形の横綱と呼ばれるほどの人気俳優であった。

いずれにせよ、このたわいもないイタズラのために、相当な金をつかったことだろう。

こんな手の込んだ戯《ざ》れ事を計画した第六代松江藩主の松平宗衍だが、父の宣維《のぶずみ》が若くして歿《ぼっ》したため、わずか三歳で家督を相続している。やがて成人した宗衍は、財政難を建て直すため改革をおこなって収入を増やそうとするが、天災などが相次いでうまくいかず、大幅に家臣たちの禄を減らすことに決めた。しかし家中の反発が一気に高まり、まだ三十八歳だったにもかかわらず、なかば強制的に藩主の座から降りざるを得なくなり、十七歳の息子・治郷に家督を譲ったのである。

ちなみに次代の治郷は、藩政改革を成功させ、財政を見事好転させた。だからこそ、隠居の宗衍もこんな金のかかるイタズラができたのだろう。

宗衍はこうした奇行の多い殿様だった。よく知られているのは、女の背中に彫り物を彫らせて堪能した逸話である。色白肌の美女を家臣に探させ、連れてきた彼女の背中一面に花模様の彫り物をほどこしたのである。しかもいつも白の薄衣を着せ、うっすらと背中の彫り物が透けるのを見て楽しんだという。ただ、時が経つと彼女の肌がたるみ、くすんできた。すると興ざめして、家臣に下賜《かし》しようとしたが、もらい手がなかったそうだ。

いずれにせよ、こうした隠居宗衍の素行は、欲求不満からきているのではなかろうか。能力がありながらも家臣たちに引退を強制され、自分に代わった治郷が名君とたたえられている。当然、面白くなかったはずだ。だからといって、くだらないイタズラの標的にされ、だまされた医者夫妻にとっては、たまったものではないだろう。

江戸時代に本当にいたバカ殿

　イタズラ大好きのへんな殿様、松平宗衍を紹介したが、江戸時代にはバカ殿が少なくない。今回は女で身を誤った二人の大名を紹介しよう。

　榊原康政は、酒井忠次、本多忠勝、井伊直政とともに徳川四天王と呼ばれ、数々の武功を挙げて家康から館林十万石を賜った。その後同家は白河十四万石を経て姫路十五万石を領し、いったん越後村上へ移封となるも、当主が政邦《まさくに》の宝永元年（一七〇四）に再び姫路に返り咲いた。姫路は西国の要《かなめ》、いかに徳川家に重視されている家柄かわかるだろう。享保十一年（一七二六）、政邦の死により嫡子《ちゃくし》の政祐《まさすけ》が榊原の家督を継いだが、六年後、二十八歳の若さで死没してしまった。政祐には男児がおらず、急遽《きゅうきょ》、縁戚の旗本・榊原政岑《まさみね》が遺領を継いだのである。

　政岑は、榊原勝治《かつはる》の次男として生まれた。同家は千石の旗本で、家督は政岑の兄が相続することになっており、政岑自身は親類・大須賀氏の養子となっていた。だが、兄の死去で急遽実家を相続することになり、さらに享保十八年、姫路十五万石の藩主に成り上がったのだ。旗本の次男坊としては、驚くべき栄達といえた。政岑十八歳のときのことである。

政岑はすでに、三味線や小唄、能などを嗜《たしな》み、遊郭にも出入りしていたらしい。それがいきなり十五万石の大名になったものだから、以後は湯水のごとく趣味や娯楽に金を使い、白昼堂々行列を仕立てて江戸の吉原や京都の島原へ通うようになった。

時は享保の改革の最中で、将軍吉宗は自ら質素な生活に甘んじ、世に倹約を説いていた。あるとき、そんな吉宗が鷹狩りのため、江戸城外へ出た。その日は政岑が大手門の警備にあたっており、将軍に拝謁する栄誉を得た。普段の吉宗なら、一言かならず門番の大名にねぎらいの言葉をかけるのだが、この日は一切話しかけなかったという。萌黄《もえぎ》色の琥珀《こはく》織りの裃と、純白の刀の柄《つか》という政岑の華美な出で立ちに、どうやら吉宗は気分を害したらしい。

だが、それで政岑は懲《こ》りる様子もなく、吉原で賭け将棋をして町人に千両を振る舞ったり、天女の装いをさせた女たちに怪しげな踊りをおどらせて酒の肴にしたり、有馬温泉の湯女《ゆな》を三人いっしょに身請《みう》けするなど、世間の耳目を集め続けた。また、側室に迎えた坂田氏と谷口氏も、島原の遊女出身であった。あまりの乱行に、重臣の太田原儀兵衛が主君政岑に対し、屋敷の新築や派手な服装、悪所通いを批難する「諫《いさ》め状」を認《したた》めたうえ、立ち退くという事件もおこった。しかしそれで政岑のおこないが改まるわけではなかった。

じつは同じ時期、政岑に輪をかけて吉原に繁く通い、贅沢三昧な生活を送った大名がいた。尾張藩主の徳川宗春である。宗春は、倹約で人びとを縛り、増税によって農民を苦しめるのではなく、自由な商売を許して領内の殷賑《いんしん》をはかることで、世は安定するのだというポリシーを持っていた。それゆえ芝居小屋や遊郭を名古屋城下に開き、商工業を盛んにさせるなどして享保の改革に対抗した。が、結局吉宗との政争に敗れ、藩内で力を失い、元文四年（一七三九）、宗春は藩主を引退に追い込まれた。

だが、宗春が引退させられたあとも、榊原政岑は贅沢な暮らしと遊郭通いを控えようとしなかった。おそらく信念というより、何も考えていなかったのだろう。ために二年後、ついに政岑は幕府に処罰される。

きっかけは、吉原の太夫《たゆう》を身請けしたことにあった。当時、吉原の遊女は二千五百人以上いたというが、太夫を名乗れる者はわずか数人。政岑はそのうち、三浦屋四郎左衛門が抱えている高尾太夫（六代目とされる）となじみ、二千五百両（金額については諸説あり）の大金で彼女を身請けしたのである。

このおり、三千両を出して吉原中の遊女を総揚げしてどんちゃん騒ぎをしたと伝えられ、翌朝、なんと政岑は高尾を伴い、行列をつくって吉原から上野の池之端にある榊原家の下屋敷まで練り歩いたのである。こうした所業が幕府の耳に入らぬはずがない。幕閣はすぐに榊原家の留守居役・尾崎富右衛門を呼びつけ、事情を糺《ただ》した。

このとき富右衛門は「じつは高尾太夫は、政岑様の乳母の子であり、遊女に転落したのを不憫《ふびん》に思い、身請けしたのです」と苦しい言い訳をしたという。が、そんな都合のよい話が通るはずもない。国元姫路にいた政岑は江戸に呼び戻され、同年十月、幕命により隠居させられた。ただ、家康以来の名門ゆえ家禄の没収は免れ、八歳の嫡子政純《まさずみ》の相続が許されたものの、領地は姫路から越後高田へ移封となった。

翌年五月、政岑は罪人扱いで高田へ移され、幽閉状態に置かれた。環境の激変によるショックのためか、九カ月後、三十一歳の若さで死歿した。ちなみに高尾は政岑に従って高田へ赴いたが、夫の死後は落飾《らくしょく》（仏門に入ること）し、池之端の下屋敷に住み、四十年後に死去したと伝えられる。なお、こんなバカ殿の政岑だったが、一つだけよいことをした。姫山に姫路城がつくられてから、山の鎮主「長壁《おさかべ》神社」は郭内に取り込まれ、領民が参拝できなくなった。これをあわれんだ政岑は神社を城下に移した。この遷座祭のとき、領民に浴衣《ゆかた》での参加を許した。これがいまも続く「姫路ゆかたまつり」の起源になったといわれる。

もう一人、ろくでなしの大名を紹介しよう。

浜松城はかつて徳川家康が拠点とした城だが、江戸時代も中期になると、その別名を出世城と呼ぶようになった。同城は東海道沿いの重要拠点ゆえ、譜代大名が代々その支配を任されたが、城主からは奏者番《そうじゃばん》、寺社奉行、大坂城代、京都所司代を経て若年寄から老中に出世する者が続出、やがてこの城の主になることが出世への登竜門と考えられるようになったからだ。

そんな浜松城に井上正経《まさつね》が入ったのは、宝暦八年（一七五八）のことで、二年後、正経は老中に抜擢されている。その孫が正甫《まさもと》（六万石）である。

正甫も若くして奏者番に登用され、将来を嘱望されていたが、文化十三年（一八一六）秋、大変なことをしでかしてしまう。

現在の新宿御苑は、かつて信州高遠藩（三万三千石）の下屋敷であった。藩主の内藤頼以《よりもち》は正甫の同僚で、日頃から親しくしていたらしく、下屋敷でおこなわれた小鳥狩りに正甫も招かれた。

屋敷地は八万坪という広大な土地で、正甫は小鳥を追いかけているうちに家臣とははぐれ、一人きりになってしまった。しかしまもなく、一軒の農家を見つける。当時の大名屋敷には農家が点在していた。これは、藩主に農作業の苦労を知らせるのが目的だった。

喉の渇きを覚えた正甫はその農家に立ち寄り、中にいた農婦に飲み物を所望した。そこで彼女は室内に正甫を招き入れて茶を差し出した。聞けば、夫は野良仕事に出ていて一人だという。

この瞬間、魔が差してしまった。

欲情を抑えきれなくなった正甫は、突然農婦を押し倒すや、犯そうとしたのだ。ところが、悪いことに、犯行の最中にちょうど農婦の夫が戻ってきたのだ。

現場を見た農夫は激怒し、正甫に殴りかかった。身の危険を察した正甫は、とっさに刀を抜き放つや、農夫の片腕を切り落としたのである。このとき、騒ぎを聞きつけた家臣が駆け寄ってきたため、正甫は彼らに後始末を頼み、自分はさっさと現場から立ち去った。

正甫の家臣は、農民夫妻に多額の賠償金を払い、浜松城下に屋敷を与え、藩主の失態が露見せぬよう、厳重な監視下に置いた。

しかし、その努力は無駄だった。いつしか正甫の行為は外に漏れ、噂は広まってしまう。さらに、登城するさい他家の中間《ちゅうげん》や六尺などの軽輩が、でかい声で「密夫大名！」「強淫大名！」などと正甫に呼びかけ、馬鹿にするようになったのだ。さすがに幕府もこれを捨て置くことができず、同年十二月、正甫は奏者番を罷免されて差控《さしひかえ》となり、翌年九月、左遷地として有名な奥州棚倉《たなぐら》へ移封処分となった。

「色でしくじりゃ　井上様よ　やるぞ奥州の棚倉へ」

こんな戯れ歌が歌われた。

なんとも情けない話だが、正甫に代わって浜松城主になったのは、のちに幕府の実権を握って天保の改革をおこなう水野忠邦だった。もともと忠邦は唐津藩主(六万石)であった。同地は肥沃でその実高は二十万石に達したというが、唐津藩は長崎警備の任を担っていたので、江戸の老中に栄達できぬ決まりになっていた。幕閣入りを切望していた忠邦は、かねがね国替えを願い、実際、運動もしていたという。そんなわけで、ひょっとしたら、正甫の失脚に忠邦も絡んでいた可能性も考えられる。

ちなみに文政三年(一八二〇)に正甫から家督を継いだ正春は奏者番となり、天保七年(一八三六)には上野国《こうずけ》館林への転封に成功、その二年後に大坂城代となり、天保十一年、ついに老中に出世した。父正甫の果たせなかった夢を果たしたわけだ。さらに水野忠邦が失脚すると、井上家は弘化二年(一八四五)に浜松城主に返り咲いたのである。以後、明治維新まで、井上氏は代々浜松を領し続けた。

ちなみに正甫だが、なんと安政五年(一八五八)まで長生した。しかも病気と称して一度も棚倉へは下らず、江戸において八十四歳で死去したという。愚かな所業で失脚した正甫だが、息子正春が老中に栄達し、自家が浜松に復領できたことを確認して死ねたわけだから、きっと当人も満足だったろう。

江戸時代に一番出世した男・柳沢吉保の噂話

江戸城の大奥には、開かずの間《ま》があった。

部屋を囲む襖全体に、宇治の茶摘みの絵が大きく描かれていることから、その開かずの間は宇治の間と呼ばれている。平素はまったく使用されることなく、室内には不用な諸道具が置かれていた。江戸城本丸御殿は何度も火災に遭《あ》い、焼け落ちている。ぜんぜん使わない部屋なら再建せずともよいものを、奇怪なことに宇治の間は、焼失のたびに同じようにつくり直されているのだ。

じつはこの部屋に関して、信じられない言い伝えが残されている。なんと、五代将軍・徳川綱吉が刺殺された場所で、しかもその犯人は、正室（御台所《みだいどころ》）の信子《のぶこ》（鷹司《たかつかさ》氏）だというのだ。

そう証言するのは、村山ませ子である。彼女は幕府の小納戸役・大岡忠右衛門の娘で、伯母が大奥の御年寄（奥女中のトップ）をつとめた滝山だったことで彼女自身も奥女中となり、天璋院篤姫《てんしょういんあつひめ》（将軍・家定の御台所）の御中臈《おちゅうろう》として仕えた。この話は、三田村鳶魚《えんぎょ》（江戸学の祖）がませ子から聞き書きし、その詳細は『鳶魚江戸文庫17　御殿女中』（中公文庫）に採録されている。

同書によると、ませ子はさらに、何か徳川家に凶事があると、綱吉刺殺の手伝いをした信子の御年寄（大奥の高官）の幽霊が出ると証言している。

たとえば、こんなことがあった。

十二代将軍・家慶《いえよし》が大奥に来たある日、宇治の間の前で黒の紋付を着た老女がお辞儀をしていたので、何気なく「あれは誰だ」と尋ねた。周囲の女中たちはとっさにごまかしたが、じつは誰もその女のことを知らなかったのである。それからまもなく、家慶は他界したという。

では、本当に綱吉は、御台所の信子に殺されたのだろうか――。

幕府の正史である『徳川実紀』をひもといてみよう。そこには、流行性の麻疹《はしか》にかかって亡くなったと明記されている。ただし、注意深く同書に記された臨終前後の記述を見ていくと、確かに多少の違和感を覚えてしまう。

宝永五年（一七〇八）十二月二十八日に発病した綱吉だが、病状はそれほど悪化せず、翌年の正月九日には快気祝いをおこなっている。ところが翌日の十日に容体が急変、その日のうちに逝去《せいきょ》しているのだ。

享年六十四。当時としてはそこそこの老年だが、快気祝いまでやった人間が、果たして翌日にあっけなく逝《い》くのだろうか。また、綱吉の死からおよそ一月後の二月七日、正室の信子が綱吉と同じ麻疹にかかり歿している。

そのうえ『徳川実紀』には、こう記されているのである。

「にはかなる様にて、かく大漸《たいぜん》（病気が重くなること）に及ばせ給ひしかば。世俗驚愕のあまり、無根不経《ふけい》の事を流傳し、閭巷《りょこう》（世間）の野人、大不敬のひが（事実でない）説を傳《つたえ》るにいたれり。もとよりさる事あるべきにもあらず」

つまり、綱吉が急に亡くなったので、世間の人びとが「無根不経の事」を噂し、「大不敬のひが説」が広まっていると述べたうえで、「さるべき事あるべきにもあらず」と強く否定しているのである。何だか弁解めいている。噂というのはおそらく、将軍綱吉が御台所の信子に刺殺されたというものだろう。

それにくわえ、次のような話も巷に流れていた。

尾張藩士の朝日重章《しげあき》の日記（鸚鵡籠中記《おうむろうちゅうき》）には、「柳沢吉保の子・吉里《よしさと》は、将軍・綱吉の実子らしい。吉保は綱吉から五十万石を与えるという書き付け（お墨付き）を与えられていたが、新将軍の家宣《いえのぶ》が老中の小笠原長重を通じて吉保からそれを没収したらしい」と記されている。まだ綱吉が歿してから二カ月も経っていない時期である。

そのわずか数年後、こうした巷の噂をネタ元にした実録物と称するフィクションが生まれてくる。時代を鎌倉や室町に仮託した『日光邯鄲枕《かんたんまくら》』、『鎌倉記』、『護国女太平記』などがその代表的だ。おおまかにその内容を記すなら、「柳沢吉保は妻の染子を綱吉に差し出し、二人のあいだに生まれた子が吉里で、跡継ぎのいない将軍綱吉はこの吉里を将軍とし、吉保に百万石を与える約束をした」といった類《たぐ》いの話だ。

さて、綱吉の歿後七十年を経て著された『翁草《おきなぐさ》』という書がある。元京都奉行与力で神沢杜口《かんざわとこう》が記した膨大な随筆である。そんな神沢がある老人から聞いた話として、次のような逸話が事実のごとく記されている。

「将軍・綱吉は、寵臣《ちょうしん》の吉保に百万石のお墨付きを与え、世嗣《せいし》の家宣を排して幼君（吉里）の擁立を公表することにした。これを知って驚いた御台所の信子は、綱吉のもとに出向いて強く諫言《かんげん》。しかし綱吉がまったく耳を貸さないので、思いあまって懐剣で刺殺し、自分も自害した」と書かれているのだ。

この話の流れは、『護国女太平記』などと基本的に変わらない。つまり、噂話が実録物（フィクションの物語）として世間に流布され、それが随筆であたかも事実のように紹介されることで、この「柳沢騒動」がまるで史実のように認識されていったのである。

そうしたことから、たぶん奥女中のあいだでも、綱吉刺殺伝説が真実味をもって語られ、宇治の間の逸話が生まれたのだろう。もちろん吉里御落胤《らくいん》説や百万石お墨付き説は史実ではない。というよりはっきりいってデタラメである。

なのになぜ、世間が信じるくらい、この噂は広まってしまったのであろうか。

それは将軍・綱吉が柳沢吉保に対して、到底考えられないほどの取り立てかたをしたからである。

吉保の柳沢家は館林藩士（百六十石の知行と廩米《りんまい》三百七十俵を給与）の家柄に過ぎなかった。ところが吉保一代で、甲府城主十五万石（実質高は二十二万石以上）に加増され、側用人《そばようにん》を経て老中上座にまでのぼりつめている。おそらく江戸時代二百六十五年間の治世で、もっとも出世した男といえるだろう。

だからこそ世間の人びとは、吉保の出世に嫉妬し、「その栄達の裏に何かがある」と勘ぐり、面白おかしく話をでっち上げ、吉保を悪人に仕立てて、溜飲を下げたのである。

現在のネット中毒民が、芸能界や実業界で華やかに輝く人びとに対してあることないこと噂を立て、それをリツイートして拡散させ、炎上させる構造と、基本的に大差はない。

自分がそうなれない不満や怒りを吉保を標的にしてはらしたのであろう。

ただ、実際の吉保は、世の中で噂されているような佞人《ねいじん》ではない。次項ではそれを証明したいと思っている。

ビジネスマンが見習いたい柳沢吉保の出処進退

柳沢吉保は、館林藩士である安忠の長男として生まれ、家督を継いで保明《やすあき》と称したが、主君・綱吉が五代将軍に決まったことで運命が一変する。延宝八年（一六八〇）、綱吉に従って江戸城に入った吉保（保明）は幕臣に取り立てられ、将軍の身辺雑務をこなす小納戸《こなんど》役を拝命。すると翌年、三百石を加増され、さらに天和三年（一六八三）には千三十石、貞享三年（一六八六）に二千三十石と増えていった。

その翌年、吉保の側室・染子が男児を産んだ。これがのちの吉里であり、綱吉の実子と噂された人物である。すると翌元禄元年（一六八八）に側用人《そばようにん》（将軍と老中をつなぐ連絡・調整役）に抜擢され、上総《かずさ》国佐貫城主一万二千石になる。そう、ついに大名に成り上がったのである。幕臣になってからわずか八年しか経っていない。さらに元禄三年（一六九〇）には二万石となり、朝廷から従四位下を賜った。この年、初めて綱吉が柳沢邸を訪れている。以後、綱吉は生涯に五十八回も吉保の屋敷を訪問した。これは尋常な数ではない。いかに吉保が綱吉に好かれていたかを物語っている。

吉保の出世のきっかけは、側用人・牧野成貞と親しくなったことである。成貞は綱吉の第一のお気に入りだったので、吉保は成貞を通じて綱吉との親交を深めていった。同時に綱吉個人のことを徹底的に研究した。初めて自分の邸宅に綱吉を招いたさいなどは、全財産をはたいて綱吉の趣向に合った屋敷に造り替えている。綱吉が供《とも》一万人を連れて吉保の屋敷を訪れたときは、一万人すべてに豪華な食事を振る舞ったといわれる。このように、主君のご機嫌をとるための出費は惜しまなかった。

綱吉の生母・桂昌院《けいしょういん》への気配りも忘れなかった。とくに綱吉は親孝行で、ある意味、母のいうことなら何でも耳を傾けた。だから吉保は桂昌院を確実に味方につけておく必要があった。じつは桂昌院もたびたび柳沢邸に来臨している。その都度、吉保は彼女が感嘆するような工夫を凝《こ》らした。あるときなど、全国の珍品を集めた店棚を縁日のように庭園にずらりと並べ、気に入った品々を土産として献上している。元禄十五年には、莫大な金品を朝廷に贈って盛んに運動し、ついに桂昌院の従一位の叙任に成功したのである。生前に従一位を受けるなど当時としては考えられぬ好待遇で、もちろん徳川家の女性の中では最高位だった。これにより吉保は、大奥に君臨する桂昌院の信任を得て完全に大奥も味方につけたのである。

こうして元禄五年に三万石の加増、同七年さらに一万石を加え、吉保はあわせて七万二千石を領する武蔵国川越城主となり、役職としては老中格を与えられた。いまでいえば閣僚である。同十一年には老中の上座に就任。さらに元禄十四年、綱吉から「松平姓」と綱吉の「吉」の字を賜わっている。これは、徳川一族であることを意味した。

そして宝永元年（一七〇四）、ついに甲府城主に任じられたのである。この地域に徳川一門以外の者が配置されるのは、前例がなかった。しかも十五万石の大大名になったのである。そういった意味で柳沢吉保は、くり返しになるが、徳川の治世でもっとも出世した男といってよいだろう。

それにしてもなぜ、吉保はここまで栄達したのだろうか。

『徳川実紀』がその理由を端的に述べているので紹介しよう。

「吉保とかく才幹《さいかん》のすぐれしかば。（略）よく思召《おぼしめし》をはかり。何事も御心ゆくばかりはからひし故。次第に御寵任ありしものなるべし」

つまり、人の気持ちを素早く察し、決して相手の期待を裏切ることがなかったからだというのだ。悪くいえば、歓心を買い続けたということだが、それを続けるのは並大抵の努力ではなかったはず。

いずれにせよ将軍の寵臣ということで、吉保は絶大な権力を持つようになった。たとえば肥後一国を領する熊本藩主・細川綱利《つなとし》は、自筆の書状を吉保本人ではなく、家老の藪田重守《やぶたしげもり》に送って我が子が将軍・綱吉にお目見えできるよう助力を頼んでいる。国主たる者が一大名の陪臣に直筆の手紙を記して頼み事をするほど、その力は大きかったのだ。こうした依頼は引きも切らず、柳沢邸には進物をたずさえた諸藩の士が絶えずやってきた。

しかし、吉保は思い上がらなかった。処世術として「慎《つつし》み」を大切にした。たとえば重臣の藪田重守に対し「家中の者たちが、風儀がよく礼儀正しいように、おまえたちが指導しなくてはいけない。家来の風俗を見れば、主人の心根もわかってしまうものなのだ」と訓示を与えている。さらに「もっとも大切にすべきことは慎みの心だ。家臣ががさつな振る舞いをせぬようよく指導せよ。柳沢の家来は慎みがないと陰でいわれているぞ。だから道を歩くときも、真ん中ではなく端を歩かせろ」と戒《いまし》めた。

吉保の側室であった町子は、『松蔭日記』のなかで「吉保は、柳沢家の者は主君の権力をかさに人をバカにしたり、無礼なふるまいをしてはいけない。世間が吉保の威光を恐れているから、自分の思ったとおりにしてやろうとするのは愚かな者のすることであると述べた」と語っている。

自分に許可なく付け届けを受け取った家臣を国元に返したという逸話も残る。

『柳沢家秘蔵実記』は、幕府の奥医師・薬師寺宗仙院の次の証言を記している。

「吉保様は今古例がないほど将軍と昵懇《じっこん》だったが、ほかの側近とは異なり、威厳があってもいばらなかった。深い思いやりがあり、人に情けをかける細やかな方であった」

吉保自身も江戸城内でなるべく目立たぬように服装を地味にしていた。また膝をひらいてくつろいだり、酒を飲んだりせず、礼儀正しさを保っていた。あえて人びとに警戒の念を抱かせぬよう気をつけていたわけで、驚くべき慎重さだといえる。

絶大な権力は将軍・綱吉あってのものであり、それが永続しないことを吉保はよく知っていた。だからこそ柳沢家の長い繁栄を願い、慎みを大切にし、謙虚になろうと努力したのだ。

ところで吉保の最大のコンプレックスは、自分が成り上がり者であることだった。

そこで先祖の血筋に己の価値を見いだそうとした。じつは柳沢氏は、甲斐一条氏（甲斐源氏）の末裔・武川《むかわ》衆であり、祖父の信俊は武田家に仕えていた。このため吉保は武田信玄を敬愛した。信玄の玄孫《げんそん》である信興《のぶおき》が落ちぶれているのを知ると、自分の屋敷に引き取って面倒を見、元禄十三年（一七〇〇）には五百石の旗本に登用、翌年、綱吉と対面させて表高家《こうけ》に任じてもらうほどだった。また、家臣が「武田」と名乗るを許さず「竹田」と改めさせたり、信玄の「百三十三回忌」の法要を主催したりした。さらに宝永四年（一七〇七）には叶わなかったものの、朝廷に信玄の増官を働きかけている。だから綱吉から信玄ゆかりの甲府の地を与えられたときは、涙が出るほど嬉しかったに違いない。

とはいえ、公務多忙により甲府に赴任できなかったので、藩政はすべて家老の藪田重守にゆだねた。藪田は甲府城の山手門外に屋敷を構え、甲府城と城下町の整備、領内を検地して減税を実施するなどの善政を敷いた。用水路の整備や新甲州金の鋳造《ちゅうぞう》にも乗り出した。また、甲府領民の粗野な風俗を正し、屋敷の壊れた箇所を修理・修復させ、身だしなみに気をつけさせた。こうして甲府は「棟には棟、門に門を並へ、作り並へし有様《ありさま》は、是そ甲府の花盛り」（『兜嵓《かい》雑記』）と謳《うた》われるように洗練された文化都市になったのである。

なお、藩政は藪田が勝手におこなったわけではなく、吉保が江戸から細かく指示を出していた。そういった意味では、吉保の手腕であった。さらに「完全な人間はいないと心得よ。大切なのは、見た目ではなく、その心根なのだ。とにかくえこひいきはするな」というように、吉保は家中教育も怠らなかった。

さて、吉保の偉さは、寵臣ではあったがイエスマンではなかったことだ。綱吉への諫言もためらわなかった。あるときは綱吉に対し「家臣を鼻紙や扇子のように思ってはいけません。あなたの処罰は厳しすぎます。法を適用するときにも、どうか情けをおかけください」と告げている。吉保の恩人・牧野成貞は「三度、諫言しても将軍が聞き入れてくださられなければ、あとは自分も一体となってそのご意向に添うべきだ」と述べたが、吉保は「それは誤りだ。そうした重臣のために滅んだ家は多い。受け入れてもらえるまで何度でも諫言すべき。それこそが主家の先祖に対する大忠節というものだ」と語っている。

宝永六年（一七〇九）一月、綱吉は死去した。得てして権力者の歓心を買って立身した人物は、権力者の死後すぐに周囲の弾劾を受けて失脚する。ところが吉保は失脚しなかった。布石を打っておいたからだ。

綱吉には嫡子がおらず、後継者選定がおこなわれたさい、吉保は強く甲府城主・徳川綱豊（のちの家宣）を推し、次期将軍に決定させた。その経緯から新政権は吉保を粗末にできなかったのだ。さらにいえば、出処進退が鮮やかだったことだ。綱吉歿後、吉保は何の未練もなくすべての役職を降り、ただちに家督を吉里に譲って頭を丸めて隠居してしまっている。この英断よって、柳沢家には何のお咎《とが》めもなかった。それから五年後の正徳四年（一七一四）十一月、吉保は五十七歳で生涯を閉じた。遺骸は甲府へ運ばれ、自分が創建した永慶寺《えいけいじ》に埋葬された。

八代将軍・吉宗の時代、直轄地拡大政策のために柳沢家は大和国郡山へ移封となるが、禄高が減らされることはなく、そのまま郡山の地で幕末を迎えたのである。なお、遺言だったのか、吉保夫妻の墓は、永慶寺から武田信玄の菩提寺である甲府の恵林寺《えりんじ》に改葬された。

いずれにせよ、見事な出処進退だった。ビジネスパーソンが学ぶには適した歴史的人物ではなかろうか。

戊辰戦争時、東北に新しい王朝が誕生していた⁉

輪王寺《りんのうじ》は、もともと日光山にある東照宮や二荒山《ふたらさん》神社と一体であったが、明治時代以後、日光山の社寺は「二社一寺」に分割された。

二〇一九年七月、テレビ朝日の「ぶっちゃけ寺」の収録で、輪王寺を見学させていただいた。境内には三代将軍・家光の見事な霊廟がある。後述するが、祖父・家康を敬愛するあまり、家光が家康の側に眠りたいと希望したのだ。歴代将軍の墓は、芝の増上寺と上野寛永寺に存在するが、家康と家光の墓だけはこの日光にあるのだ。特別に私はその霊廟の中に入れてもらい、黄金に輝く家光の位牌を拝することができた。テレビの力はスゴい。

さて、江戸時代に日光山の山主（貫主）となり、東照宮や家光の霊廟を誘致したのは、天海である。その前半生は不明ながら、家康の最晩年に側近として大きな力を振るい、さらに家光にも絶大な信頼を受けた。そんな天海が寛永二年（一六二五）に創建したのが、上野寛永寺である。同寺は徳川家の祈願寺だったが、やがて菩提寺にもなった。

天海は、「寛永寺の貫主（住職）に皇子や皇族を迎え、もし幕府に敵対する勢力が天皇を奉じて倒幕の兵をあげたら、これに対抗させようとした」といわれる。あくまで俗説だが、天海が存命中の寛永十五年に皇子の下向が決まり、承応三年（一六五四）、後水尾天皇の子である守澄法親王《しゅちょうほっしんのう》が江戸に来て寛永寺の第三代貫主となった。さらに守澄法親王は日光山の山首も兼ねたが、以後、皇子や皇族が代々この地位につき、輪王寺宮と称した。

さて、時は幕末。倒幕派が明治天皇を奉じて新政府を樹立し、徳川家を鳥羽・伏見の戦いで撃破し大軍で江戸に迫ってきた。このとき輪王寺宮は、どんな動きをしたのだろうか。

当時の輪王寺宮は、伏見宮邦家《ふしみのみやくにいえ》親王の子で、明治天皇の義理の叔父であった。とはいえ、まだ二十一歳の若者だ。新政府の大軍が江戸に近づいてくると、上野寛永寺にいた輪王寺宮は徳川家の依頼に応じて、わざわざ駿府まで出向いて東征大総督の有栖《ありすが》川宮熾仁《わのみやたるひと》親王と会見、江戸進軍の中止と前将軍・慶喜の助命を願うが拒否されてしまう。

結局、新政府の西郷隆盛と勝海舟の会見により、江戸無血開城を条件に江戸の総攻撃は中止され、慶喜の助命も認められた。この頃、輪王寺宮は、朝廷から京都への帰還を求められたが、なんと彼はこれを拒絶したのだ。しかも上野寛永寺に彰義隊《しょうぎたい》（前将軍・慶喜を警固するためにつくられた隊）がたむろうことを黙認した。新政府軍はこれを看過せず、慶応四年（一八六八）五月、上野山へ総攻撃をかけ、彰義隊は壊滅した（上野戦争）。すると輪王寺宮は新政府に投降せずに逃亡、旧幕府艦隊の手引きにより翌六月に平潟へ上陸、さらに会津藩内に入ったのである。

この頃、東北では北越六藩をあわせて三十一藩の同盟組織（奥羽越列藩同盟）が成立、新政府との戦闘が始まっていた。そんなところに輪王寺宮が出向けば、皇族の血を引いているのだから盟主に祀り上げられるのは必然。つまり、新政府への敵対覚悟の行動だったのだ。これは、主戦派だった寛永寺の執当（寺務の統括職）義観《ぎかん》の勧めだった。

案の定、輪王寺宮は同盟軍の拠点である白石城（仙台藩領）に入り、公議府（同盟軍の政治組織）の盟主となった。補佐役は仙台藩主と米沢藩主、さらに幕府の老中だった小笠原長行と板倉勝静も参謀として名をつらねた。

輪王寺宮は七月、全国の諸大名（十万石以上）にあてて「薩摩など賊が幼い明治天皇を脅して暴虐なことをしている。百姓たちはこの戦いで塗炭《とたん》の苦しみを味わっている。君側《くんそく》の奸《かん》を排除せよ」という令旨《りょうじ》（皇族の命令）を発したのである。この輪王寺宮を盟主とする公議府を東北における新政権だと評価する研究者が少なくない。さらに驚くべきは、輪王寺宮は即位して東武皇帝と称し、新元号も制定していたという説がある。当時、絵師の菊池容斎の『前賢故実《ぜんけんこじつ》』にそう記しているのだ。

研究者の佐々木克氏は『戊辰戦争』（中公新書）の中で「奥羽において大政元年と改元し、輪王寺宮を即位させて東武皇帝とする、（略）構想があったことが知られる」が「どこまで真実を伝えるものか確かではないが、同盟側にこのような構想を生み出す雰囲気があったことは確か」だと述べている。その真相については今後の研究が待たれるが、意外な説だ。

結局、東北・北越諸藩は新政府軍に敗北し奥羽越列藩同盟は瓦解、輪王寺宮も江戸を経て京都に護送され、皇族の身分を剝奪《はくだつ》され蟄居《ちっきょ》となった。しかし翌明治二年（一八六九）五月に許され、明治五年にドイツに留学、その最中に北白川宮を相続。その後は陸軍畑を歩んだ。ドイツでは現地の女性と婚約したが、新政府の反対により破棄を余儀なくされた。明治二十八年（一八九五）、日清戦争で師団長として出陣したが、台湾でマラリアのため逝去した。四十八歳であった。

2章　歴史人物の意外な真実

伊達政宗が江戸時代になっても天下取りの野望を抱いていたのは本当か？

よく伊達政宗は、生まれてくるのが遅すぎたといわれる。大器だったので、あと二十年早く生まれていたなら、また、東北ではなく畿内で誕生していたら、天下が取れたのではないかというのだ。実際、二十代前半で広大な土地（現・福島県中通りと会津地方、山形県置賜《おきたま》地方、宮城県南部）を支配下におさめている。しかし天正十八年（一五九〇）、豊臣秀吉の圧力に屈し、秀吉のいる小田原に参陣して豊臣政権に臣従を誓った。けれど、秀吉が私闘禁止（惣無事）を命じたあと手に入れた会津地方は剝奪されてしまう。その後も秀吉に警戒され続けたが、徳川家康とはいち早く親密な関係を結び、秀吉歿後は娘の五郎八《いろは》姫を家康の六男・忠輝《ただてる》と結婚させて縁戚関係を結んだ。以後、政宗は徳川家（江戸幕府）のため忠勤に励み、三代将軍・家光からは「伊達の親父殿」と呼ばれて絶大な信頼を受けた。そんな政宗だったが、じつは家康の晩年、スペイン王国と密《ひそ》かに軍事同盟を結び、江戸幕府を倒そうとしたという説があるのだ。

疑惑のもとになっているのが、慶長遣欧使節の派遣である。

「1613（慶長18）年、仙台藩主・伊達政宗は家臣の支倉常長《はせくらつねなが》をスペインに派遣してメキシコと直接貿易を開こうとしたが、通商貿易を結ぶ目的は果たせなかった（慶長遣欧使節）」（『詳説日本史B』山川出版社）と日本史の教科書にも登場する有名な遣使だ。

政宗は、フランシスコ会の宣教師ルイス・ソテロの勧めで、家臣の支倉常長をスペインに派遣した。牡鹿郡《おしかぐん》月浦で大型西洋帆船を建造し、ソテロの案内で常長一行をメキシコ経由でスペインに送ったのだ。その目的は、前述の教科書のとおり通商だとされる。

常長は、スペイン国王やローマ教皇に拝謁《はいえつ》できたものの、スペイン側は日本が禁教令を出してキリスト教を弾圧している事実をつかんでおり、結局、メキシコとの通商の許可はおりなかった。ただ、布教と貿易を一体と考えるスペインが当然そうすることはわかりきっていたはず。だから「政宗の遣使には、ほかに狙いがあったのではないか」という説が出てくるわけだ。

慶長遣欧使節の通訳としてマドリードからローマまで同行したシピオーネ・アマチという歴史家がいる。彼が編纂した『伊達政宗遣使録』には、「支倉常長は、イタリア国王のフィリップ三世に対して、奥州国を喜んでスペインの植民地として献上することを約束した」とある。また、ソテロの書簡にも「政宗は次期の皇帝で、日本の最高実力者だ」と記されている。極めつきは、レオン・パジェスの『日本切支丹《きりしたん》宗門史』だ。パジェスはフランスの外交官で、熱心な日本史研究者でもあった。そんな彼が明治初年にまとめた同書には「将軍を倒すため、政宗がスペイン王に同盟を求めた」という記述が載る。

ちなみに支倉常長が出航する五カ月前、大久保長安《ちょうあん》が急逝した。長安は幕府の代官として百万石以上の土地を支配していたが、その死後、幕府は「長安が不正に蓄財をしていた」という理由で、長安の子息七名を処刑し、親戚たちを改易にした。ずいぶん過酷な処分だが、『大久保家記別集』によると、長安の屋敷から異国王の書簡類が発見され、そこには「異国軍を用いて幕府を倒し、後見していた家康の子・忠輝を皇帝にし、自身は関白に就《つ》こうとする計画書が押収された」と書かれている。忠輝は政宗の婿であり、政宗は長安とも親しかった。このため政宗の倒幕説は信憑《しんぴょう》性を帯びてくるわけだ。

最初にこの説をとなえたのは、東京帝国大学教授の箕作元八《みつくりげんぱち》という歴史学者だ。明治三十四年（一九〇一）、箕作はドイツの学術誌にこの説を論述、日本の『史学界』（歴史専門誌）にも掲載されたことで、国内で知られるようになった。箕作はドイツ留学中にバチカンの機密文書館で史料を調査し、その結果、「政宗はスペインの力を借りて天下を取ろうという野心があった」と結論づけたのである。

だが松田毅一《きいち》氏は、この説を一刀両断に切り捨てる。松田氏はキリスト関係の海外史料を膨大に研究してきた方で、その著書『伊達政宗の遣欧使節』（新人物往来社）で次のように論じている。

慶長遣欧使節は、家康が政宗に命じて派遣させたもの。もともと家康はスペイン領メキシコとの直接貿易を望み、ヨーロッパの鉱山採掘技術やガレオン船の建造術を欲しがっていた。だから「伊達領からなら安全にノビスパニア（メキシコ）へ到達できる」と確信、伊達家に大型船の建造と使節派遣を指示したのだ。実際、船を造るさい幕府の船大工が派遣されているし、使節団に船手奉行の向井将監《むかいしょうげん》など幕臣が多く加わっている。どう考えても政宗がスペインに同盟を求めるため、幕府をだまして使節を送ったとは考えられないというのだ。

だが、ならば前述のソテロやアマチの言葉はどう捉えたらよいのだろうか――。

これについて松田氏は、政宗がノビスパニアへの航海を手伝ってもらうため、ソテロに協力を要請したら「彼は自らが奥羽においてキリシタンの布教を盛んにし、東日本の司教になりたいと切望していたので、ローマ法王庁へその意図に沿った使節を派遺してくれなければ自分は乗船しないと無理難題をもちかけた」のだと考える。

そこで政宗は、「かの地に携えて行く書状については万事ソーテロに一任し、好きなことを何でも書くがよい、署名すると言う外はなかった」「心にもないことと知りながら自ら署名して彼に渡した」（『前掲書』）のだと結論づけた。

さらに松田氏は、このソテロという人物は、「布教熱に駆られるのあまり、『聖なる偽り』を次から次へと堂々とやってのける稀有《けう》の敏腕家」。悪くいえば、ウソつきだと断言。シピオーネ・アマチの『伊達政宗遣使録』に載る逸話も、ソテロから聞いた話を書いただけで、「全然信用がおけないか、または真偽不明である。同様に支倉六右衛門の談話とか演説・挨拶などはすべてソーテロがでまかせにしゃべったもの」と断じる。

実際、ソテロは日本人たちにスペイン語を教えず、理解させないようにしていたという。スペイン王やローマ教皇と常長らとのやりとりは、すべてソテロを介していたので、双方の本当の言葉はソテロしかわからないし、いくらでも操作できてしまうのである。

いずれにせよ、松田氏は政宗・スペイン同盟倒幕説を否定した。

対してこの説を支持するのが大泉光一氏である。興味深いことに大泉氏は、松田毅一に師事していた研究者なのだ。若い頃、師の松田氏から「『慶長遣欧使節』の研究で学位を取得するには同使節団の真の派遣目的を解明することが不可欠である。そのためには君自身がローマのイエズス会本部の総文書館に保管されているジェロニモ・デ・アンジェリス師（Jeronimo de Angelis：1568～1623）の書簡の採録調査と、それらの書簡の解読をしなければならない」（大泉光一著『支倉常長　慶長遣欧使節の真相──肖像画に秘められた実像』雄山閣）と言われたそうだ。ジェロニモ・デ・アンジェリスとはソテロに批判的なイエズス会の宣教師だ。そこで大泉氏は課題を遂行するため現地へ出向き、二年以上かけて書簡を翻訳した結果、松田氏とは異なる結論に至ったというのである。

大泉氏は自説を伊達政宗の「天下制覇説」と呼んでいるが、その論拠は、アンジェリスがローマのイエズス会本部にあてた次の書簡の内容にあるという。

それは、家康や秀忠は政宗が倒幕をもくろんで使節をスペインに派遣したことに気づいていたが、証拠がなかったので釘を刺すためか、向井将監にその事実を伝えさせたというものである。さらに大泉氏は、持論を補強する証拠をあげる。

- 政宗は常長を通じてスペインとの同盟を提案しているが、これは幕府の政策に反したもので、到底、幕府が許すはずがないこと。

•すでに幕府がキリスト教を取り締まりはじめているのに、ローマ教皇やスペイン王に宛てた親書の中で政宗が、キリシタン拡大政策を表明していること。しかも親書の最後に「詳しいことはソテロや支倉常長が口頭で述べる」とあり、文字記録として残せない機密の内容が語られたと推察できること。

•幕府がキリシタン弾圧を開始したことを柳生宗矩《やぎゅうむねのり》から知らされたとき、「ただちにキリシタンの追放を命じる」と返書したにもかかわらず、伊達領でキリシタンの取り締まりをまったくおこなわなかったこと。

•全国に禁教令が出されたあとも、すぐに使節団に帰国命令を出さなかったこと。

•一六一六年、平戸イギリス商館長リチャード・コックスの日誌に、忠輝の謀反の噂と、政宗がそれに協力して戦乱が起こると記されていること。

•常長はローマ教皇に伊達領を差し出すと述べているが、もし政宗が教皇の配下になればスペインとの同盟が容易になり、倒幕のためにスペイン艦隊を日本に派遣してもらえると考えたと推察できること。

このように、「政宗・スペイン同盟倒幕説」は世に出回っている陰謀論ではないと主張している。ただ、この説は少数説であり、正宗は家康の了解を得て国を豊かにするため使節を送ったと考える研究者が大半である。なお近年、慶長奥州地震（一六一一年）で被害を受けた仙台藩の復興を目的とする遣使だったとする説も登場しているが、いっぽうで使節計画は数年前から動かないと不可能だと、これを否定する研究者もいる。今後、さらに慶長遣欧使節の研究が進んでいくことを期待したい。

「徳川家康は、じつは替え玉だった！」説を検証する

かつて、小説家の隆慶一郎《りゅうけいいちろう》が『影武者徳川家康』を書いてベストセラーになった。タイトルのとおり、家康は影武者が演じていたというお話だ。関ヶ原合戦で石田三成方の島左近《しまさこん》の刺客に家康本人は暗殺されてしまう。しかし影武者の世良田二郎三郎《せらだじろうさぶろう》が機転を利かせ、自分が本物の家康のように振る舞い天下分け目の合戦をしのいだ。その後、徳川家の重臣の求めに従い、そのまま家康を演じ続けていくという奇想天外なストーリーだ。

この小説は、村岡素一郎の『史疑　徳川家康事蹟』を参考にしたといわれる。この書は、明治三十五年（一九〇二）に徳富蘇峰《とくとみそほう》の民友社から出版されたが、時代小説ではない。著者の村岡が各地の史料や史跡を丹念に調べ、家康が別人と入れ替わったことを論証した歴史考証本である。ユニークな内容なので、村岡説を紹介しよう。

のちに家康と入れ替わる世良田二郎三郎元信は、江田松本坊と於大《おだい》のあいだに生まれた。父の松本坊は新田（源氏）の血筋を継ぐ人物だったが、落ちぶれて願人《がんにん》をしていた。願人とは、各地を修行しながら呪符を売ったり芸を見せて生活する肉食妻帯の修験者のこと。いっぽう、母の於大は賤民《せんみん》「ささら」の娘だった。松本坊は二郎三郎が生まれると飄然《ひょうぜん》と立ち去り、女手一つで息子を育てるのは無理だと感じた於大は再嫁。このため二郎三郎は、祖母の源応尼（のちの華陽院）に養育された。その後、二郎三郎は寺に入るが、殺生禁断の地で小鳥を捕まえて破門にされ、わずか九歳で流浪の身となった。ところが悪党に拐《かどわ》かされ、銭五貫文で常光坊という願人に売られてしまう。こうして奇《く》しくも二郎三郎は、父と同じ道に入ることになった。

永禄三年（一五六〇）、十九歳の二郎三郎は、尾張の織田信長の将来性に目をつけ、信長と敵対する三河の松平元康（のちの徳川家康）の嫡男・竹千代を誘拐した。だが、桶狭間合戦で駿河の今川義元が討ち死にするという番狂わせが出来《しゅったい》する。松平元康は今川の人質として育ち、この時期、義元の属将のような立場にいた。

いずれにせよ、この混乱に乗じて二郎三郎は動いた。今川方の浜松城の近くにある大安寺に火を放ち、火を消そうと城兵が出てきた隙を突いて浜松城を乗っ取ってしまったのだ。以後、二郎三郎は信長に属して元康（家康）と戦うが、結局、敗れてしまう。そこで、人質の竹千代を返還して元康に降伏した。ところが翌年、驚くべき事態が発生する。信長と戦うため尾張国守山に陣を張った元康が、家臣の阿部弥七郎に斬り殺されてしまったのだ。二郎三郎はいち早く情報を察知、いまがチャンスと元康の本城・岡崎へ攻め寄せた。そして松平（徳川）家に「前回引き渡した竹千代は偽物だ。本物はここにいる。だから竹千代を奉じて松平家の威光を輝かせよう。元康の死は外に漏らすな。私が元康に成り代わり、敵を追い払ってやる」と和議を申し入れたというのである。松平の重臣はこの要求を受け入れ、以後、二郎三郎は家康に成りすまし、ついに天下人になったという説だ。

あまりに奇想天外な話だが、この説を書いた村岡素一郎とは、どんな人物なのだろうか。

その経歴は、山田万作著『嶽陽名士伝』（明治二十四年）に詳しい。

同書によると、村岡氏は筑前藩の重臣・飯田氏に仕える家柄だとする。明治元年（一八六八）の戊辰戦争のさい、十九歳の素一郎は東北へ出陣したものの、江戸（東京）に着くとすでに東北は平定されていた。仕方なく福岡に戻って藩校の修猷館《しゅうゆうかん》で学業にいそしみ、二十六歳のとき東京に出て東京師範学校に入学した。卒業後は開拓使の函館支庁に入り、明治十一年に函館師範学校の学務課長兼校長、明治十七年に函館県茅部《かやべ》・山越《やまこし》郡長として行政にあたったが、やがて東京根津に隠棲して学問に専念、明治二十三年に今度は静岡県の職員となった。

静岡では、公務の合間に徳川関連の資料をあさり、神社仏閣や史跡をめぐるなど、家康の研究に熱中するようになった。というのは、これより前の明治二十二年、「家康公関東入府三百年祭」がおこなわれたが、このおり東京毎日新聞社が刊行した家康の肖像を目にしたからだ。子爵秋元家に秘蔵されたものを伯爵・勝家（海舟の家系）が譲りうけたものだが、ほかの肖像と異なり見苦しい貧相な顔立ちをしていた。

それで素一郎は家康の出自に疑問を持ち、素性を調べはじめたのだという。

やがて、いまから百年前、世良田徳阿弥親氏《ちかうじ》の墓碑が東京の府中にある称名寺の竹林から発掘されたことを知る。親氏は松平（徳川）家の始祖とされた人物。新田氏の血脈を継ぐ親氏は戦いに敗れて流浪し、室町時代に三河の松平氏の入り婿となったとされている。なのに、その墓が府中にあるのはおかしい。そこで素一郎は、次のような推論を立てた。

「家康は信長の命令で武田と通じた正妻の築山殿《つきやまどの》と嫡男・信康を死に追いやっている。そんな冷酷なことができるのは、家康が別人と入れ替わり、二人が本当の親子ではないからで、むしろ自分の正体が露見するのを嫌ったのだ」

また、家康の側近・林羅山が著した『駿府政事録』には、七十一歳の家康が家来と雑談したさい「私は幼少のときに銭五貫で又右衛門という悪党に売られた」と告白した記事がある。本当の家康はすでに今川義元の人質になっていたはず。それと矛盾する。ゆえに素一郎は、「老齢の家康が親しい側近たちの前で気が緩み、うっかり本音をしゃべったのではないか」と疑った。

さらに、家康が麦飯やなすなど粗食を好むのは貧しい出身だからであり、晩年、江戸や父祖の地である三河に住まず、駿府に定住したのも、もともと二郎三郎がこの地の生まれだったからだと推理する。

くわえて、あるとき家康は、人質時代に世話になった九十歳の老爺のもとを訪れて往年の恩を謝したが、このおり同行の家臣らは「対面のあいだは決して顔を上げてはならぬ」と老爺に命じ、家康の顔を拝ませなかった。「おそらくそれは、幼い頃の家康を知っている老人が、いまの家康が偽物だと気づかせないためである」そう素一郎は確信したのである。

こうして家康は別人とすり替わったという仮説を立てた素一郎は、多くの資料や伝承を集め、ついに『史疑 徳川家康事蹟』を書き上げたのである。

ただ、素一郎の研究手法は、近代の歴史学的にはかなりの問題がある。まず、参考史料の多くが信用できない二次史料（当事者のものでない文書、後世の文書）であることだ。また、使用する史料が確かなものであるかどうかなど、きちんと史料批判をしていない。さらに、家臣に殺されたのは家康の祖父なのに、「本物の家康が殺されたのをごまかすため祖父の逸話に差し替えたのだ」と述べるなど、仮説を立てるにあたり論理の飛躍が見られ、到底、家康別人説は史実とは思えない。

なのに、『史疑 徳川家康事蹟』の序文は、文学博士の重野安繹《しげのやすつぐ》が記している。重野は日本で初めて近代歴史学を導入した日本史の大家であり、東京帝国大学の教授にして、貴族院議員でもあった。そんな人物がなぜ序文を寄せたのか不思議でならないが、結局、この本は五百部しか印刷されず、その後、埋もれてしまった。

一説には、この奇説に腹を立てた徳川家が同書をみな買ってしまい、増刷を許さなかったからだという。こうして『史疑 徳川家康事蹟』はずっと陽の目を見なかったのだが、隆慶一郎が『影武者徳川家康』を書いたことで注目をあびたのだ。

なお、家康入れ替わり説は、ほかにも存在する。大坂の陣で家康は討ち死にし、その後一年間は影武者が家康の役を務めたというものだ。実際、このとき家康はあうやく死にかけている。大坂城総攻撃のさい茶臼山に陣取った真田信繁（幸村）は、金奥義の馬印と「厭離穢土《おんりえど》、欣求浄土《ごんぐじょうど》」と大書された軍旗がはためく家康の本陣を目指して突撃を敢行した。三千の真田隊は一万五千人を擁する松平忠直隊の右翼と衝突してこれを突き破り、家康の本陣に侵入。まさかの事態に本陣は大混乱となり、家康の旗本たちは逃げ散った。家康はもはや逃げ切れないと考え、切腹を決意した。が、このとき本陣の危機に気づいた松平忠直の軍勢が、救援に駆け付け危機を脱したのである。

ただ、家康は駕籠に乗って逃げる途中、豊臣方の後藤又兵衛に槍で突かれて死んだという伝承がある。日光東照宮には、家康が使っていた駕籠が保管されているが、それをみると屋根の部分に穴があいている。それこそが又兵衛が突いた跡だという人もいるが、残念ながら何の証拠もないし、そもそも又兵衛は前日に討ち死にしてしまっている。死んだ人間が家康を殺せるはずはないだろう。

ただ、面白いのは、大阪府堺市の南宗寺に家康の墓石が存在することだ。又兵衛に殺された家康の遺体をこの寺に隠し、その後、改葬したとする寺伝も残っている。とはいえ当時の史料に家康の討ち死にを裏付ける証拠はないし、とても事実だとは思えない。そもそも天下人である家康が討ち死にすれば、その事実を隠し通すことは不可能だろう。

いずれも、家康は替え玉だったという諸説は、一次史料（当時の日記や手紙など）

が皆無であり、その説自体も論理が飛躍したり誤謬《ごびゅう》が多いことから、到底成り立つものではないと考えるべきだろう。

孫の家光の夢に現れた徳川家康

巻かれた掛け軸が壁に掛けられ、するすると軸が下がっていくと、ついに例の肖像画が姿を現しはじめた。私は、思わず固唾《かたず》を呑《の》んだ。先に述べたテレビ朝日系列「ぶっちゃけ寺」の収録で日光の輪王寺を訪れたときのことである。

その一月ぐらい前、ロケの担当ディレクターから「河合先生、輪王寺に先生が見たいお宝はありますか」という連絡があった。私は前々から間近で拝見したいと思っていたので、「徳川家康の霊夢像が見たい」と即答した。

「えっ？」と、不思議がるディレクターに、私は霊夢像について得々と説明した。

霊夢像とは、三代将軍・徳川家光が夢に現れた家康の姿を絵師に描かせた肖像のことだ。家光は、若い頃から祖父の家康を神のようにあがめていた。しかも、たびたびその姿を夢に見ては、会話までかわしているのだ。それだけではない。家光は自分の夢に出てきた家康のことを思い出し、有名な絵師である狩野探幽《かのうたんゆう》に指示して、そのときの祖父の姿を描かせているのである。しかも、その肖像は一幅ではなく、現存しているものだけでも、十数幅にもおよんでいる。異常とも思える祖父愛だが、これがいわゆる「霊夢像」である。

これほど家光が家康をあがめたのには、もちろんワケがあった。

自分を将軍の地位につけてくれたのが、家康だったからである。

家光の父、二代将軍・秀忠は、次男（長男は早世）の家光（幼名は竹千代）ではなく、じつは三男の国松（のちの忠長）を跡継ぎにしようと考えていたという。秀忠の正妻で家光と国松の生母である江《ごう》（崇源院）が、国松のほうを溺愛していたからだ。秀忠は大変な恐妻家で、姉さん女房の江にはまったく頭が上がらない。それに、病弱で愚鈍に見える家光とは違い、国松は聡明な子どもだった。

この時期はまだ、長子相続制度は確立していない。それに家光は次男だった。才覚ある者が家を継ぐのは、不思議でもなんでもない。実際、秀忠自身も三男だったが、兄の秀康を差し置いて徳川宗家を継ぎ、将軍になっている。ところが家康は、家光を跡継ぎにするよう、秀忠に内命したのである。

巷説《こうせつ》では、家光の乳母である春日局が、駿府の家康のもとへ直訴したからだといわれる。彼女が思いきった行動に出たのは、両親に敬遠されたのを歎き悲しんで家光が自殺をくわだてたからだという。ただ、おそらく家康は、徳川家の跡取りを代々長子に決めてしまったほうが、お家騒動を防げると判断したのではなかろうか。

ともあれ、家光は自分を将軍にしてくれた祖父の恩に深く感謝し、以来、あがめてまつるようになった。朝と夕の二回ずつきちんと正装し、家康の霊に祈りをささげ、「生きるも死ぬも、何事も権現様（家康）次第。将軍になれたこと、本当にありがたく思っております」、「私と家康様は一体で、私はあなたの生まれ変わりです」と記した書きつけを守り袋に入れて携帯していたのである。実際は、家康が死ぬ前に家光は誕生しているので、そんなはずはないのだが、そう信じるほど敬愛していたのだろう。

家康は死去すると、駿河国久能山《くのうざん》に葬られたが、翌年三月、遺言により日光山に改葬され、朝廷から東照大権現の神号を下賜《かし》され、神として祀られることになった。家康がこの地を選んだのは、日光が古代からの山岳信仰の霊場であり、ちょうど江戸の真北に位置することから、将軍のお膝元である江戸を守護するためだった。

昔から「日光を見ずして結構というなかれ」という言葉があるが、陽明門をはじめ、東照宮の金と白と黒を基調とした極彩色の東照宮の建物群は、「結構」というほか表現のしようがない。さすがは世界遺産に登録されるだけのことはある。

ただ、この壮麗な建物群は、創建当初のものではない。将軍・家光の時代に建て替えられているのだ。最初の建物は秀忠が建造したもので、かなり壮麗な建物だったと伝えられる。それなのに家光は、わずか二十年でそれを撤去させ、寛永十一年（一六三四）から新たに諸堂の建設を始めた。

ちょうど家康の二十一回忌にあたっており、伊勢神宮の式年遷宮《せんぐう》を意識したのではないかといわれているが、父・秀忠への対抗心から、自分が改めて将軍として家康の神殿をつくり直すのだという気持ちがあったような気もする。

東照宮建て替えの造営奉行には秋元泰朝《やすとも》が任じられ、幕府作事方大棟梁の甲良宗広《こうらむねひろ》が全体の指揮を執《と》り、一年五カ月で工事を終えた。なんと延べ六百五十万人が動員され、総工費は五十八万八千両、銀百貫匁《もんめ》、米千石。現在の金額で約一千億円はくだらないだろう。こうして現在の日光東照宮が誕生したわけだが、家光は十度、家康の墓参り（日光社参）に日光の地を踏んでいる。将軍の日光社参は江戸時代を通じて十六回しかおこなわれていない。つまり、家光だけで過半数を超えているのだ。

家光の父、秀忠の日光社参は、わずかな供廻《ともまわ》りを連れての質素な墓参りだった。そんな将軍の私的慣行を、家光は公的なものに変え、幕臣や譜代大名を引き連れ、数万人の行列で大々的に江戸から日光までパレードをしたのである。祖父に対する畏敬の念をあらわすだけでなく、将軍の権威を見せつける狙いもあったのだろう。

家光が亡くなると、その遺言によって彼自身も日光山に葬られた。その霊廟があるのが輪王寺である。もともと東照宮と輪王寺は、二荒山《ふたらさん》神社とともに日光山の寺社群であり、一体化していた。それが明治時代になって神仏分離令により、神社と二つの寺院に分けられたのである。

日光輪王寺には、先述のとおり、守り袋に入れた家光自筆の文書がいくつか現存する。その中に家光が見た夢が書かれている。それは、次のような内容だ。

「密訴を企む者の馬が権現様に近づいた際に、危険を感じた私がその馬を捕らえました。権現様は『よくやった』と直に仰られたので、ありがたさに私は頭を地につけ、権現様の御恩に報いるため命を差上げる覚悟ですと申し上げましたところ、権現様は微笑みながら『おお』と声をかけて下さいました」（曽根原理著『神君家康の誕生　東照宮と権現様』吉川弘文館）

そして、この夢の記憶に従って家光は家康の肖像を描かせたのだが、輪王寺には現在、そうした霊夢像が八幅残っている。「ぶっちゃけ寺」のロケで見せていただいたのは、そのうちの一幅であった。

目の前に現れた徳川家康は、私たちが知る恰幅《かっぷく》のよい威風堂々とした人ではなかった。しかも服装も衣冠束帯《いかんそくたい》ではなく、寝間着のような服装だった。一緒に肖像を見た女優の戸田恵子さんは「身内にしか見せないような、日常のくつろいだ姿。優しそうなおじいちゃん。身内だけの絵を見てよかったのかな。ちょっとぞっとした」とおっしゃっていた。爆笑問題の太田光さんは「仏様のような顔に見える。悪いことも全部経験した上で到達する姿」だと言った。確かに、一見、優しそうな好々爺《こうこうや》に見えるものの、その姿は人間を超越した不思議な存在に思えた。

こんな姿の家康と、家光は夢の中でしばしば語り合い、そのお告げによって病気を治してもらったり、政策のヒントをさずけてもらったりしたと伝えられる。

ちなみに家光は、三歳で重病にかかったとき、家康の調合した薬で病を治してもらった経験があった。それからというもの、疱瘡《ほうそう》（天然痘）にかかったときなど、枕元に現れた家康を拝むと回復し、さらに大人になってからも夢の中で家康に病を治してもらっているのだ。寛永十四年に長く患《わずら》ったさいにも家光は「頼むは大権現の神徳だけであるとし、煩《わずら》いがよくなるようであればよい夢を、そうでなければ悪い夢をと念じていたところ、夢中で家光が日光へ社参し、束帯装束《そくたいしょうぞく》を着て、神前格子のほとりで、拝している夢を見た。すると病は本復した」（藤井譲治著『人物叢書　徳川家光』吉川弘文館）という。

ちなみにこの逸話から、家光が夢というものは、現実世界でも大きな力を持つと認識していたことがわかる。だから悪い夢を見たときには、非常に落ち込んでしまったようだ。

これに関して、『徳川実紀』に次のような逸話が載る。

ある日、家光が寵臣の酒井忠勝に「悪い夢を見た」とため息をついたので、忠勝は「人はそのときの気持ちにより、さまざまな夢をみるものです。悪い夢を気にとめる必要はございません」と元気づけた。なかなか現代的な解釈だ。けれど家光は、「歯がことごとく抜け落ちた夢を見た。昔から不吉な夢だというではないか。どうすれば気持ちが落ち着くのだろう」と落ち込んでしまった。さすがにこの有名な凶夢に対し、忠勝も慰める言葉が出なくなってしまった。

すると、近くでこの話を聞いていた能楽師の観世《かんぜ》左近が、「さてもめでたき御夢かな」と言ったのである。皆が不思議な顔をすると、観世は「落ち葉かくなるまで命ながらへて、猶《なお》いつまでか生の松」と高砂《たかさご》の一節を謡った。これは世阿弥がつくった能の謡曲で、高砂と住吉という離れた場所に生えている松も心は一つという夫婦愛や長寿を愛《め》でたもの。つまり観世左近は、「落ち葉」を家光が見た夢である「落ち歯」とかけたのである。これを聞いて家光の機嫌はすっかりよくなり、家臣たちも「さてもよき御夢」だと家光の夢を祝った。なお、観世左近に対してはのちに褒美《ほうび》を与えたという。

刃傷沙汰の原因がわからない忠臣蔵のジレンマ

東京都港区では「観光ボランティアガイド育成講座」を開き、まち歩きツアーなどをおこなう人びとを育てている。その講師として港区の歴史や史跡について講義させていただく機会があった。

港区には歴史的に有名な場所が多い。将軍の菩提寺である芝の増上寺。幕末に急造された海中の台場（いまはお台場海浜公園になっている）。め組の喧嘩で有名な芝大神宮（芝神明）。幕末にアメリカ公使館が置かれ、福沢諭吉の墓もある麻布の善福寺。中でも知られているのは、『仮名手本忠臣蔵』のモデルにもなった赤穂《あこう》事件を起こした赤穂浪士の墓がある泉岳寺《せんがくじ》だろう。講義の参加者は、私の話に熱心に耳を傾けてくださったが、終了後、質問を受け付けたところ、数名が同じような疑問を投げかけてきた。

「河合先生は浅野長矩《あさののながのり》が吉良上野介《きらこうずけのすけ》に斬りつけた理由は不明とおっしゃいましたが、いじめではないのですか」というものだった。それほど『忠臣蔵』での吉良＝悪者説が、いまも浸透していることに私は驚いた。

『仮名手本忠臣蔵』は、江戸時代から人形浄瑠璃《じょうるり》や歌舞伎の演目として定番であり、近代に入ってからも小説や映画、テレビドラマで何度も取り上げられてきた。ただ、史実の赤穂事件をモデルにしたといいながら、それはフィクションなのである。

事件の始まりは、元禄十四年（一七〇一）三月十四日午前十一時ごろ。江戸城の本丸御殿松の廊下で播磨《はりま》赤穂藩主の浅野内匠頭《たくみのかみ》長矩が、「このあいだの遺恨《いこん》、覚えたるか！」と叫んで高家《こうけ》肝煎《きもいり》（筆頭）の吉良上野介義央《よしなか》に背後から小刀で襲いかかったのである。浅野は額と背中を斬りつけられたが、近くにいた梶川《かじかわ》与惣兵衛《よそべえ》頼照《よりてる》がすぐに浅野を抱きとめたので、出血はひどかったが命に別状はなかった。

将軍は毎年、年賀の挨拶のため朝廷へ使いを派遣するが、返礼として天皇の使節が江戸城を訪れる。この日は、将軍が江戸城で勅使に奉答の儀をおこなう予定になっていた。しかも浅野は勅使饗応役（接待係）として殿中にあったのである。対して吉良は、儀式の指南役（教師役）だった。教わる側と教える側、いったい両者にいかなる確執があったのか。

赤穂事件から約五十年後に確立した『仮名手本忠臣蔵』（赤穂事件をモデルにした脚本）では、その理由ははっきりしている。勅使饗応役は指導を受ける高家に付け届けをするのが常識だったが、浅野は吉良に相応の品を贈らなかった。そこで、ことあるごとに吉良から妨害を受けたり、ウソの作法を教えられたりといじめ抜かれ、その結果、逆上して刃傷沙汰にいたったというもの。講談や歌舞伎の中での吉良のいじめ方はすさまじく、ある意味では、歌舞伎や講談がここまで吉良を悪党に仕立て上げてくれたおかげで、浪士の討ち入り成功の際、私たちは爽快感を味わえるのである。

では、史実はどうだったのだろうか。

刃傷沙汰のあと、浅野と吉良は引き離され、個別に尋問を受けている。吉良はショックのあまり、衰弱した様子を見せていた。額の傷は骨まで達しており、六針を縫うことになった。背中の傷は三針で済んでいる。取り調べで吉良は「自分は浅野に襲われる覚えはない」と怨恨関係による襲撃をきっぱりと否定した。そして「たぶん、浅野殿は乱心したのではないか」と証言している。

いっぽう浅野の尋問に関しては、その内容は伝わっていない。ただ、恨みがあったというだけで、どうやら詳しい理由は話さなかったようだ。取り調べをした目付の多《お》門伝八郎重共《かどでんぱちろうしげとも》は「時間が与えられず、調べも不十分なうちに、幕閣から『浅野は田村右京大夫の屋敷にお預けのうえ切腹』との判決が出たのは納得できない。再尋問させてほしかった」と語っていることから、さして調べもせぬうちに幕府が処分を決定したらしい。

午後三時ごろ、浅野は罪人として駕籠に放り込まれ、平川門（不浄門）から江戸城を出て一時間後に田村邸に着くと、急造した座敷牢に閉じこめられ、幕命により午後七時に庭先で切腹して果てた。

浅野は五万石の大名。それがろくに訳も聞かず即日に腹を切らせるのはむごい仕打ち。なぜこんなにも急いで殺す必要があったのか。それは、将軍綱吉の意向だとされる。大切な儀式を台なしにされ、激情にかられての即断だったらしい。いずれにせよ、これにより、なぜ浅野が吉良に斬りつけたかが、永遠にわからなくなってしまった。

歴史学では、当事者の日記や手紙、文書などを一次史料と呼ぶ。それ以外は二次史料だ。歴史研究者は一次史料をできるだけ多く集め、それらの史料を吟味して事実を確定していく。そのさい、後世に書かれた二次史料は信憑性に欠けるものが多く、参考程度にしか用いない。そういった意味では、刃傷沙汰に至った理由を浅野本人が書いたり、その証言を周囲が記録した一次史料はないので、本当の理由は不明なのだ。確かに同時代の記録の中に、吉良はケチだったというものがある。が、それは赤穂事件後の記録であり、この事件が起こったから、その記憶が浮かんだものだと思われ、これも信憑性に欠ける。いずれにせよ、浅野が吉良に斬りつけた理由は、一切不明としか言いようがないのだ。

ただ、わからないからこそ、面白いと感じるのだろう。作家や好事家《こうずか》によってさまざまな説がとなえられてきた。いくつか紹介しよう。

作家の尾崎士郎氏は、国元でよい塩をつくりたいと思った吉良が、浅野に製塩技術を伝授してほしいと頼んだところ、秘法であると断られてしまった。そこで吉良は赤穂にスパイを送り込んで秘法を盗み出し、以後、良質な塩を生産し、赤穂の塩と競合するようになった。これを憎んで浅野は殺意を抱いたという。もちろんこれを裏付ける史料は存在しない。それに赤穂藩では当時、全国の十パーセント近くの塩を生産しており、その十分の一程度しか生産できない吉良家が赤穂藩から競争相手と認識されるとは思えない。そもそも製塩技術が門外不出というのはウソで、他藩との技術交換がおこなわれていたことも判明している。

精神科医の中島静雄氏は、浅野の刃傷沙汰は精神的な病によるものだと主張している。事件後、浅野は田村家にお預けとなったが、切腹するまでの数時間の様子が『浅野内匠頭御預一件』として記録されている。それによると田村邸に着いた長矩は、出された湯漬けを平然と二杯食べ、酒や煙草を所望している。初めて人を斬って間もないのに、旺盛な食欲を示すのは通常では考えられないこと。それに江戸城で傷害事件を起こせば、処刑されることはわかっていたはず。とても尋常な行動とは思えず、浅野が統合失調症だった可能性を指摘している。

実際、事件の三日前、浅野は持病の「痞《つかえ》」が悪化して侍医の寺井玄渓《げんけい》から投薬を受けている。「痞」は時代劇に出てくる「癪《しゃく》」に症状が似ており、突然、胸部や腹部に強烈な圧痛を覚える病。こういった症状は心身症や精神病の身体的症状として現れることがよくあるという。この日は儀式の三日目にあたり、勅使が江戸に到着する日だった。ゆえに疲労や強度のストレスから精神病が悪化したとみる。事実、侍医の寺井は、長矩の脈をみて過労からくる「痞」だと診断している。

また、事件は春、午前中に発生している。これは精神病が悪化しやすい時期と時間帯と重なるという。さらにいえば、精神病は遺伝的な要因が関与するとされるが、長矩の母方の叔父・内藤忠勝（志摩鳥羽藩主）は、四代将軍・家綱の法要を芝増上寺で営んだおり、永井信濃守尚長《なおなが》（丹後宮津藩主）を刺殺しているのだ。

このほかにも、さまざまな説が存在する。

たとえば、勅使饗応費は約一千二百両かかるが、ケチな浅野は七百両まで予算を削った。結果、五百両（約二千万円ほど）の節約となったが、当然、以前より至らぬところが出てくる。吉良はこのやり方にがまんならず、冷淡な態度で接したため、逆に浅野の恨みをかって襲われたというのだ。

掛け軸真偽論争説も興味深い。茶人の山田宗徧《そうへん》が足守《あしもり》（現・岡山県岡山市北部周辺）

藩主・木下公定《きんさだ》の茶会で一幅の掛け軸を披露した。吉良と浅野も同席していたが、吉良は自信たっぷりに掛け軸が一休僧正の筆であると鑑定した。しかし浅野が偽物だと立証したので、吉良の恨みをかい、いじめを受けることになったというものだ。

浅野尊王家説というのもある。吉良は、幕府の密命を受けて後西《ごさい》天皇に譲位を強要し、霊元《れいげん》天皇を皇位につけた。その事実を知った尊王主義者の浅野は、吉良の不敬が許せず、わざと勅使登城の日を狙って吉良を刺殺しようとしたとするものだ。これと真逆の「浅野佐幕家説」もある。吉良は心底悪党なので、このまま生かしておいては幕府のためにならないと考え、公儀への忠義心から長矩は吉良を殺害しようとしたという説だ。

驚くべきは、刃傷デッチ上げ説である。つまり、そもそも刃傷事件などなかったというのだ。すべては綱吉の指令を受けた吉良と梶川与惣兵衛が仕組んだことで、与惣兵衛が松の廊下で突然浅野長矩を押さえつけ、その隙に吉良が浅野の小刀を奪い、すばやく自分の額に傷をつけ、浅野が吉良を襲ったように装い、浅野を切腹に追い込んだという説。これは殿村徳久氏がとなえたもので、これまでの諸説を根底からくつがえすもの。

ただ、いずれにせよ浅野が吉良に襲いかかった本当の理由が分かる日は来ないだろう。史実は永遠に闇の中である。

為政者・新井白石と宣教師・シドッチ、天才同士の禁断の出会い

誰にも人生を変えるほどの運命的な出会いがある。

私は中学生のとき、ＴＢＳ系列の「3年Ｂ組金八先生」を見て学校の教師になろうと固く決意し、高校生のとき、司馬遼太郎の『竜馬がゆく』（文春文庫）を読んで、日本史を教えたいと思い、都立高校の教員になった。たぶん、金八先生や坂本龍馬に出会わなければ、まったく違った人生を歩んでいたと思う。

幕府の為政者・新井白石と宣教師・シドッチの出会いも運命というべきものだったと思う。白石自身も「一生の奇会」だったと知人の安積澹泊《あさかたんぱく》に伝えている。

ジョヴァンニ・バッティスタ・シドッチは、イタリアのシチリア島の貴族の家柄に生まれ、ローマ教皇の命を受けて日本に布教するため宝永五年（一七〇八）に薩摩藩の屋久島に上陸した。このとき和服を着て刀を差し、月代《さかやき》まで剃っていたという。どうやら着物はルソン島のマニラで手に入れることができたらしい。島に潜入したシド

ッチは、樵《きこり》や炭焼きの老人などにカタコトの日本語で話しかけた。髪の毛や目の色は黒であったが、鼻が異様に高いので、すぐに外国人であることがばれ、あっけなく捕縛されて長崎へと送られた。

いうまでもなくキリスト教の布教は厳禁。当時の法律では、その事実が発覚すれば死罪と決まっていた。けれど刑は長崎で執行されず、翌年、シドッチの身柄は江戸へ護送され、小石川のキリシタン屋敷に投獄された。六代将軍・徳川家宣の命令だった。しかも取り調べに臨んだのが時の為政者の新井白石だったことから、おそらく白石自身がシドッチに興味を持って江戸に連れてきたのだろう。好奇心を抑えがたかったのだと思われる。

新井白石という人の知的好奇心の強さは、異常であった。白石と会って話をすると、「煙管《きせる》をとれば、さてこの煙管といふものは、何れの代に誰が初めて制したり。扇をとれば、この扇といふものは、唐にては何れの世に誰が初めて制し、吾国にては何れの代に誰が初めたりといふやうに、その物々に従ひて、出処来歴故事までを面白く説話せられたりとなん。博物強記の君子なると想ひやられたり」（南川金渓著『閑散余録』安永六年・一七七七）

というように、知らないことがなかったという。幕末の儒学者・安積艮斎《あさかごんさい》は、白石のことを「其の平生力学困勉、人の及ぶ所に非ず」（『艮斎間話』）とたたえ、白石が「博聞強記の碩儒《せきじゅ》（儒学者）」だったのは「人に応接談話する毎《ごと》に、必ず筆紙を側に置き、事理の心得になること、または山水風土物産の類《たぐい》古今人物のことなど劄記《さっき》（随時書き記すこと）し置き、閑暇《かんか》の時整頓して著述」するからだと述べている。このように常に筆記用具を手放さず、暇さえあればメモをとっていたらしい。結果、膨大な知識がその頭脳に蓄積されていった。

そんな白石だったから、数十年のあいだ、絶えて久しかった宣教師なる人間が捕まったというニュースには、いたく好奇心を駆り立てられたのだと思う。こうして白石はみずからキリシタン屋敷に出向いて、四回にわたって直接シドッチと会い、詳しい取り調べをおこなった。

最初の尋問のとき、同席していた役人が陽が傾いてきたので「いま何時でしょうか」と奉行に尋ねたところ、「近くに時の鐘がないからわからぬ」と返答した。するとシドッチは「頭をめぐらして、日のあたる所を見て、地上にありしおのが影を見て、其指を屈してかぞふる事ありて、我國の法にしては、某年某月某日の某時の某刻にて候」（新井白石著　村岡典嗣校訂『西洋紀聞』岩波文庫）と言い切ったのである。まさにそのとおりだった。白石は大いに驚いた。

また、幕府が所持していた世界地図を持参してシドッチに見せ、「ローマはどこか」と尋ねたところ、シドッチはコンパスを要求した。ちょうど白石が所持していたので、それを与えたところ、それを用いて的確にその場所を示した。これを見た白石は、「私は数字に強くない。おまえはたいしたものだ」と褒めたら、シドッチは「数字に詳しくなくても大丈夫です。簡単に学べますよ」と答えたという。

シドッチはある程度、日本語を話すことができたので、やがて二人は通訳を介さずにやり取りできるようになった。こうして白石は四度の会談でシドッチからキリスト教や世界の地理、ヨーロッパの言語、当時の世界情勢などを聞き出した。そしてキリスト教にも旧教と新教、異端があること、ヨーロッパ地域には多数の言語が存在すること、そしてヨーロッパ諸国が日本を侵略する危険はないことなどを理解した。

たった四回の取り調べだったが、白石はシドッチの高潔さや博識を惜しみ、幕府に対し次のように建言した。

「例によらば、此度の異人（シドッチ）をば其罪のありやなしやを問はずして、誅《ちゅう》すべし。これを御裁断あらむ事、易《やす》くして易しといへども、かれ（シドッチ）番夷《ばんい》の俗に生れそだつ。其習其性となり、其法の邪《よこしま》なるをしらずして、其國の主と其法の師との命をうけて、身をすて、いのちをかへりみず、六十餘歳の老母、并《ならびに》年老たる姉と兄とにいきながらわかれて、万里の外に使《つかい》として、六年がうち険阻《けんそ》艱難をへて、こゝに来れる事、其志のごときは、尤《もっとも》あはれむべし」（前掲『西洋紀聞』下巻附録）

右の原文を意訳する。

「日本の法律に照らせば、外国人のシドッチは、罪の有無を問わないで処刑にすべきだろう。そして、そう処置するのは簡単なことである。けれどシドッチは野蛮な外国で生まれたのである。つまり、キリスト教がよこしまな宗教だと知らないのだ。ただ、国王とローマ教皇の命をうけ、命を捨てる覚悟で老母や兄姉と別れ、艱難のすえ六年の歳月をかけて来日した志は立派である」

そのうえで白石は、「そんなシドッチを国法だからと処刑するのは、聖人の道に反する。殺すのはたやすいが、それは下策である。彼はきっと説得しても改宗しないだろうから、命はたすけ、そのまま獄につないでおくべきである」

このように例外の適用を求めたのである。

白石は、シドッチの強い信仰心と博学に感動し、彼に自分と同じ匂いを感じ取ったのだろう。対してシドッチも白石を「五百年に一度の逸材で、大事を為す人だ」と評している。

たとえば白石がオーストラリアの場所を教えよと質問したとき、これを拒否した。

その理由を問うとシドッチは、「此人を見まいらするに、此國におゐての事は存せず、我方におはしまさむには、大きにする事なくしておはすべき人にあらず（白石を見ると、日本でどうかは知らないが、私から見ると、大事を為す人に見える）」（『西洋紀聞』）、「だからその場所を教えてしまったら、白石によって占領されてしまうから答えたくない」と述べたのである。育った国や文化は違えど、非才同士は理解しあえるようである。

けれど、シドッチはそれから五年後の正徳四年（一七一四）十月二十一日に死去した。

白石の建言によって、シドッチは処刑されずに禁錮処分となったが、獄卒の長助・はる夫妻をキリスト教に入信させたことがわかり、地下牢に押し込められ、まもなく死んでしまったらしい。享年四十六であった。

ただ、シドッチとの出会いは、白石の脳裏に強く刻まれていたようだ。白石はシドッチの尋問やオランダ人との会談をもとに『西洋記聞』、『采覧異言《さいらんいげん》』の二書を著した。しかも晩年になってからも、さまざまな情報を集めて加筆・修正を続けた。とくに『采覧異言』については、死去する数日前まで手を入れ続けていたという。とはいえ、キリスト教に関する記述が多いので、門外不出とされ、外部に漏れることはほとんどなかった。

だが、江戸時代も後期になると、密かに書き写され、人びとに読まれるようになったらしい。というのは、『西洋紀聞』は一八六五年に上海で出版されているのだが、この本を翻訳したアメリカ人宣教師のサミュエル・ロビンス・ブラウンは、安政六年（一八五九）に来日したさい、江戸の古本屋で簡単に『西洋紀聞』を手に入れたと証言しているからだ。

さて、シドッチが死んでからちょうど三百年後の二〇一四年、キリシタン屋敷跡から驚くべきものが発掘された。シドッチの遺骨である。当時の記録からシドッチの身長や年齢はわかっていたが、さらにDNA鑑定によってシドッチ本人であることを確定したのである。それから二年後、国立科学博物館がユニークな試みをおこなった。

以下は産経ニュースの記事である。

「(国立科学博物館は)「切支丹屋敷」跡地から出土したイタリア人宣教師、シドッチの頭骨を基に復元した顔の像を報道陣に公開した。頭骨の欠落部分はコンピューター断層撮影装置（CT）や3Dプリンターで補って立体模型を制作し、筋肉や皮膚は樹脂などで再現した。髪や瞳の色の黒さは当時の幕府の実力者で、儒学者でもあった新井白石がシドッチを尋問して著述した『西洋紀聞』などの文献も参考にした」

このようにシドッチの顔が復元されたのである。まさか新井白石もそんな時代が来るとは、また、その復元に自分の著書が参考にされるとは、夢にも思っていなかったろう。

鼠小僧次郎吉は、本当に義賊だったのか？

鼠《ねずみ》小僧というと、テレビ時代劇で女鼠小僧を演じた女優・小川真由美さんを思い出す。子どもながらに、頬《ほお》かぶりから覗《のぞ》く切れ長の瞳と、真っ赤な唇を見て、その色気にゾクリとした記憶がある。そんな女鼠小僧とタッグを組んで行動した鼠小僧は、田中邦衛さんが演じていたこともあり、私にとって鼠小僧は、ひょうきんなイメージでしかない。

ただ、二〇一四年にＮＨＫの時代劇ドラマで、ジャニーズのタッキーこと滝沢秀明さんが鼠小僧を演じたので、いまの若い人たちは、鼠小僧に対し、イケメンの印象を持っているかもしれない。

容姿の善《よ》し悪《あ》しは別にしても、鼠小僧といえばやはり義賊として有名である。やっていることは犯罪だが、それはあくまで権力に対するものであって、庶民には優しいヒーロー、それが義賊の定義だ。

鼠小僧次郎吉の稼業は泥棒だが、大名など金のある武家屋敷にしか侵入せず、しかも貧乏人に盗んだ金をばらまいた。盗みに入った屋敷の者も決して傷つけなかったという。

でも、そんな良い泥棒（おかしな表現だが……）がいるのだろうか。そもそも鼠小僧は、実在した人物なのだろうか。そうした疑問がわいてくるはず。

ただ、鼠小僧が実在したことは、江戸時代の記録にきちんと残っている。とはいえ、私たちのイメージする鼠小僧は、その後の歌舞伎や講談の影響が大きい。

鼠小僧を一躍有名にしたのは、歌舞伎の狂言作家（脚本家）である河竹黙阿弥《かわたけもくあみ》だ。安政四年（一八五七）に浅草の市村座で上演された『鼠小紋東君新形《ねずみこもんはるのしんがた》』が大ヒットとなったのだ。黙阿弥は泥棒を主人公とする「白浪物《しらなみもの》」という分野を確立した作家で、このとき鼠小僧を演じたのは市川小団次（四代目）で、やはり石川五右衛門など泥棒役には定評があったことから、この演目は大人気となったのである。

『鼠小紋東君新形』は、鼠小僧が処刑される最晩年（といっても三十代半ば）を描いた作品だ。以下、内容を紹介しよう。

次郎吉は、捨て子である。それを拾って育てた養母のお熊というのが、博打は打つ、盗みはする、拐《かどわ》かしはするの、とんでもない悪党で、そんな女に育てられた結果、次郎吉には小さな頃から盗み癖がつき、悪いことだと知りながら金を見ると欲しくなり、どんな困難な場所でも忍び入るようになってしまったという。ただ、盗みはすれども仁義は守り、富める者から金を取り、貧しい人びとに与えてきた。本名を稲葉幸蔵《こうぞう》といい、当時はほとんど泥棒稼業から足を洗い、鎌倉の滑川《なめりがわ》で平沢左膳《さぜん》という易者として暮らしていた。

そんな幸蔵はあるとき、預かった百両を老婆にだまされて巻き上げられた新助に出会う。新助は悩んだあげく、なじみの芸妓《げいぎ》・お元と滑川で心中をはかろうとしていた。ちょうど通りかかった次郎吉（稲葉幸蔵）が事情を知り、なんと、百両を武家屋敷から盗み出し、二人に与えてやったのである。だが、小判の極印から新蔵とお元に盗みの疑いがかかり、さらに、これがもとで次郎吉の実父も処罰され、養母も死ぬことになった。このため次郎吉は「此《この》の様に、由縁《ゆかり》の人に難儀をば掛けるとなつたのか。元はと言へば百両の金を此俺が盗みし故《ゆえ》、因果は廻《まわ》る」、「人の難儀をは金を以て救つても、救つた金がまた人に難儀をかける。盗んだ金故《ゆえ》我が身に報《むく》ふその罪科《つみとが》」と悟《さと》り、ついに潔く自首しお縄についたのである。

『鼠小紋東君新形』によって義賊としての評判が高まった鼠小僧は、以後、歌舞伎や講談、小説の主人公となり、さらに戦前から映画までつくられ、ヒーロー像が定着する。

しかし史実の鼠小僧が本当に義賊かといえば、その証拠は皆無である。

鼠小僧次郎吉は、天保三年（一八三二）五月四日に、上野小幡《おばた》藩松平宮内少輔《くないしょうゆう》忠恵《ただしげ》の江戸浜町の中屋敷に侵入したところ、忠恵がたまたま物色中の鼠小僧を見つけ、同家の家臣たちによって取り押さえられた。次郎吉は、門前において北町奉行の同心・大八木七兵衛に引き渡された。そして町奉行の榊原主計頭《かずえのかみ》忠之によって取り調べを受けたが、その詳細は幕府の評定所が編んだ『御仕置類例集』に掲載されている。

それによると「異名鼠小僧次郎吉事《こと》無宿入墨次郎吉」とあり、十年前から武家屋敷、とくに女性の住む長局《ながつぼね》や奥向に度々忍び込んでおり、一度捕縛されたときは入墨のうえ中追放に処されていた。ところが入墨を消して江戸に舞い戻り、再び盗みを繰り返していたのだ。盗みに入った数は優に百回を超え、盗んだ金額はなんと三千両にのぼった。江戸後期ゆえ一両五万円と見積もっても一億円はくだらないだろう。しかも盗んだ金は「不残（のこらず）酒食遊興又は博打」に使ってしまったとある。

貧乏な人びとに盗んだ金を配るどころが、すべて自分のために使った単なる悪党だったのだ。武家屋敷に入ったのは、意外に警備が手薄であるうえ、武士のプライドから盗まれたとはいえず、被害届も出なかったからだという。このように史実の鼠小僧は、私たちのイメージする義賊とはほど遠い男だったのだ。

第九代平戸藩主・松浦静山《まつらせいざん》は、隠居後は膨大な随筆を書き続けた。それが『甲子夜話《かっしやわ》』だ。正編百巻、続編百巻、三編七十八巻の大作である。その『甲子夜話』（中村幸彦・中野三敏校訂　平凡社東洋文庫）巻之四十三に鼠小僧に関して次のような記述がある。

「頃《このご》ろ都下に盗ありて、貴族の第《だい》より始め、国主の邸にも処々入たりと云ふ。然《しかれ》ども人に疵《きず》つくること無く、一切器物の類《たぐい》を取らず。唯《ただ》金銀をのみ取去ると。去《さ》れども、何れより入ると云こと曾《かつ》て知る者なし。因《よっ》て人、鼠小僧と呼ぶと」

このように、鼠小僧は邸内の道具類には目もくれず、金銀のみを盗んだ。おそらく盗品を質入れして足がつくのを嫌ったためだろう。また、侵入の痕跡をまったく残さない熟練の技が、犯行の発覚を遅くし、捜査を難航させたようだ。静山は、この鼠小僧に並々ならぬ興味を持ったようで、巻之四十九にも「姫路の支侯縫殿頭」の後妻から人づてに聞いた話として、次の逸話を紹介している。

とある大名が祝いの能を催すため、邸内の能楽堂に入ったとき、舞台中央に一人の男が立っていた。年齢は十八、九歳。月代《さかやき》を長く伸ばし、伊達模様の単衣《ひとえ》をはおり、脇差しを差している。驚いた大名は近くの家臣たちに「あやつを追い払え！」と命じたので、彼らが舞台に目をやったが、このときすでにその姿はなかった。すぐに邸内を包囲させたが、侵入者を捕まえることはできず、能舞台へ戻ると、「鼠小僧御能拝見」と記された紙切れが落ちていたという。さらに静山は、捕縛された鼠小僧の容姿も記している。平たい丸顔で色は白いが薄あばたがあり、目は小さく、職人のような体つきであったと記している。

同時代の『浮世の有様《ありさま》』という随筆にも市中を引き回された鼠小僧の姿が書かれている。

「顔に薄化粧を致《いた》し、著服者《は》上に黒麻帷子《かたびら》、下に更紗《さらさ》、帯は八端《はったん》にて珍敷事也《めずらしきことなり》」とある。上着は黒の涼しげな麻、下着にインド起源の美しい文様染めを身につけ、帯は八丈島産の黄色縞の絹帯をしめていたというのだ。まるで歌舞伎役者のようだ。

さらに『浮世の有様』では「諸大名悉《ことごと》く右盗人に遇《あ》ひ候事浅猿《あさま》しき事なり。世の中に大名程、役に立たぬ者はなし。其禄を食《は》む士共《さむらいども》是にて推《おし》計るべし。嗚呼《ああ》大平なるかな。笑ふべし、笑ふべし」と、大名とその家臣の無能ぶりを揶揄《やゆ》し、続けて鼠小僧にまんまと金銭を盗まれた大名の間抜けさをよんだ落首をいくつも紹介している。

このように、小柄でオシャレな色白の青年が、誰も傷つけることなく神出鬼没の盗みをはたらき、多くの大名をコケにしたわけだから、鼠小僧が庶民から持ち上げられないはずはない。まもなく富者から金を盗み、貧者にそれを配る義賊伝説が生まれ、やがて幕末に成立した河竹黙阿弥の原作『鼠小紋東君新形』によって英雄としてのイメージが定着したのである。

ただ、明治時代後半になると、歴史学の分野で鼠小僧＝義賊説は否定されるようになる。たとえば、鼠小僧を義賊に仕立てた河竹黙阿弥の娘・糸女の養子となった河竹繁俊（演劇史の大家で早稲田大学教授）も「鼠小僧は義賊と呼ばれてゐるが、（略）實際は義賊でも何でもなかつた」（河竹繁俊編『近世実録全書　第7巻』早稲田大学出版部）と断言。

戦前に活躍した江戸学の祖・三田村鳶魚《えんぎょ》も「次郎吉は勝手放題な我儘《わがまま》暮しを、いい気になってやっている。（略）御生憎様《おあいにくさま》、義賊とか、救恤《きゅうじゅつ》とか、そんなことは一つもない。狂言作家の河竹黙阿弥、講釈師の乾坤坊良斎《けんこんぼうりょうさい》が、いいあんばいにこしらえたものなのだ」（朝倉治彦編『泥坊の話　お医者様の話　鳶魚江戸文庫22』中公文庫）。

このように、昔から歴史の世界では、鼠小僧義賊説は否定されているのだ。にもかかわらず、その後もヒーローとして描かれ続けたのは、金持ちや権力者をぎゃふんと言わせる爽快さを、庶民が強く希求したからなのだろう。

シーボルトが日本から持ち出した大量の品はどうなった？

文政十一年（一八二八）八月、長崎を巨大な台風が襲った。まもなく出港の予定であった停泊中のオランダ船コルネリウス＝ハウトマン号は、荒れ狂う波に揉《も》まれついに破船した。

この船を修理するため、積み荷を陸揚げしたさい、その中から国禁とされている伊能忠敬《ただたか》の精密な日本地図（『大日本沿海輿地全図』）が発見されたのである。

荷物の持ち主は、ドイツ人でオランダ商館医のシーボルトだった。文政六年（一八二三）に日本にやってきたシーボルトは、幕府から特別の許可を得て、長崎郊外に鳴滝《なるたき》塾を開き、すすんだ西洋医術を日本人医師に伝授するとともに、熱心に庶民の診療にあたる良医だった。

だが、シーボルトが本国オランダから与えられていた密命は、日本の総合的科学的調査であり、そのための経費は一切オランダ政府が負担していたのだ。つまりスパイだったのである。

シーボルトは使命を果たすため、熱心に日本の物産や植物を蒐集《しゅうしゅう》し、日本の蘭学者や科学者たちと積極的に交わって情報を収集した。さらに日本人の弟子たちに、最新の医学技術を伝授する代償として、地理、歴史、宗教、風俗など、日本に関するさまざまな事柄についてのレポートを提出させた。弟子たちも内々怪しいと思いながらも、技術欲しさにその要求に応じていた。

シーボルトはそのコレクションや情報を定期的に本国に送っていたのだが、今回それが台風で発覚してしまったわけである。この事件では、シーボルトに地図を渡した幕府天文方の高橋景保《かげやす》を筆頭に、およそ五十名の人間が処分された。ただし、シーボルト本人については、国外追放で済んでいる（シーボルト事件）。

なお、シーボルトが持ち出そうとした伊能の日本地図は幕府の役人に取り上げられてしまったが、シーボルトは地図を没収される直前、それを徹夜で模写し、まんまとオランダへ持ち帰ったと伝えられる。また、伊能図のほかに、水戸藩の儒学者・長久保赤水《せきすい》が作成した『改正日本輿地路程全図』を持ち出したことがわかっており、現在その実物が、オランダのライデン国立民族学博物館に保存されている。

また、国禁の品々は幕府に没収されたが、該当しない品物については携帯を許された。それ以前からシーボルトは、日本滞在中に集めたコレクションをオランダ船に積み込んでは本国へ輸送したので、その量は莫大なものとなった。後述する人魚のミイラもその一つだったのかもしれないが、いまは絶滅してしまった日本オオカミの標本もある。ただ、全体としてはとくに植物の標本が多い。

シーボルトの帰国後、オランダ政府は彼の蒐集品《しゅうしゅうひん》をすべて買い取ったが、そのまま自宅に置くことを許し、整理させたのだった。天保十年（一八三九）、シーボルトコレクションを展示するために博物館がライデン市に設立されると、コレクションの多くがそこに移された。当時の博物館参観者名簿には、オランダ皇太子やドイツ国王、ロシア皇太子の名も散見され、大変な評判になっていたことがわかる。コレクションの中には、葛飾北斎の作品もあり、浮世絵がヨーロッパで注目されるきっかけをつくったのはシーボルトだった。しかもこの時期、北斎は存命しており、現役の日本人絵師としてヨーロッパで脚光をあびたのだ。

シーボルトはその後、大著『日本（Nippon）』をはじめ、我が国に関する多くの著作を残し、安政六年（一八五九）に再度来日し、慶応二年（一八六六）、ミュンヘンで七十歳の生涯を閉じた。そんな関係から、シーボルトの植物標本は、ミュンヘン大学にも一部保管されている。

なお、ライデンの博物館に展示されていたシーボルトコレクションは、現在ライデン国立植物博物館に大切に保管されている。また、シーボルト自身が所有していた未整理の植物標本は、ロシアのコマロフ植物研究所が、シーボルトの未亡人から買い取っている。いっぽう、シーボルトの研究資料や草稿、それに遺品や肖像は、長男のアレキセンデルに受け継がれ、さらにその長女エリカに渡るが、やがてドイツのベルリンにある日本学会に売却されたということである。

ところで西暦二〇〇〇年は、リーフデ号（オランダ船）の漂着から四百年にあたり、日蘭修好四百年を祝して、なんと国立ライデン植物博物館より、シーボルトの植物標本約五十点が、東京大学総合研究博物館に寄贈された。また二〇一六年七～九月にはシーボルトの没後百五十年を記念して、国立歴史民俗博物館（千葉県佐倉市）で特別展「よみがえれ！　シーボルトの日本博物館」が開催された。このとき三百点の品々が里帰りし、その後、企画展は東京、長崎、名古屋、大阪と各地を巡回した。

〝遠山の金さん〟の彫り物は〝女の生首〟だった!?

私は十年前まで高校の教師をしていたが、授業中、生徒たちに江戸幕府の職制を話すさい、町奉行の項目で遠山の金さんの話をしたところ、彼らはほとんど反応しなかった。そう、いまの高校生たちは、この名奉行を知らないのである。これは衝撃であり、私にとって生徒との年齢差を実感させる出来事だった。

そこで今回は「遠山の金さん」こと、北町奉行の遠山金四郎景元《かげもと》について語ろうと思う。

知らない若者たちのために、テレビの時代劇の話からする。

町奉行の金さんは遊び人として江戸市中で潜入捜査をおこない、犯罪事件の真相を事前に把握しておく。やがて捕縛された悪党どもがお白洲《しらす》の場に引き出されてくると、町奉行として正装した金さんが、彼らに次々と疑問点を糺《ただ》していく。対して悪党たちは、時には知らぬ存ぜぬといい張り、あるいは平然とウソをつき通そうとする。すると金さんは突然話題を変え、「そういえばおぬしたち、遊び人の金さんとやらを存じておるか」と切り出し、「はて、いったい何の事やら」ととぼける彼らを前に、「おいおいまさか、おいらの顔を忘れちまったとでもいうのかい」といきなりべんらんめえ調で語り出す。意表を突かれた悪党たちは、目の前のお奉行の顔をまじまじと凝視する。中にはこの時点で、遊び人の金さんと町奉行が同一人物だと気がつき「はっ」と顔色を変える者もいる。ただ、それでもシラをきり通そうとする。

その態度に業《ごう》を煮やした金さんは、にわかに立ち上がり、ススッとお白洲に並ぶ悪党たちのもとへと近づき、大階段を数歩くだるや、いきなり片肌を脱いで肩の桜吹雪の彫り物を見せ、「やい、やい、てめえら、まさかこの桜吹雪を忘れたとはいわせねえぜ！」と大見得を切る。この瞬間、悪党たちは仰天し、とうとう罪状を認めて一件落着となる。

きっと多くの読者諸氏は、この決め場面をテレビで見たことがあるはず。だいたい毎回同じようなオチで終わるのだが、何度見ても胸がすくから、杉良太郎、高橋英樹、松方弘樹、松平健など、主演俳優を替えながら、長いあいだテレビドラマが続いてきたわけだ。

もちろん時代劇はフィクションが多い。この場面だってウソだらけだ。

町奉行が直接容疑者に尋問するのは禁じられているし、裁判中、町奉行は動かずに行儀を正していなければならない。ましてや立ち上がって彫り物を見せるなどもってのほかだ。そもそも、縁側からお白洲へ降りる階段など存在しない。しかもドラマの金さんは、彫り物を見せて相手を観念させたあと「市中引き回しのうえ獄門」などと、判決を犯人に申し渡しているが、これも間違い。死罪などの重刑は、あらかじめ将軍や幕府の老中の許可が必要。しかも申し渡しは奉行所ではなく、牢屋敷においておこなわれるものなのだ。

なお、町奉行の遠山金四郎が遊び人をしていたというのもウソ。悪い仲間と付きあい、博打を打ったり、森田座（芝居小屋）で囃子《はやし》方の笛を吹いていたという逸話もあるが、あくまでそれは若い時分の話。金四郎が初めて北町奉行に就任したのは四十八歳のとき。当時としては老年といってもよい。それに町奉行は、現在でいえば東京都知事、地方裁判所の長官、警視総監、閣僚を兼ねる地位で、在職中の死亡率が高い激務だ。ちょいワルオヤジのように、悪所に出入りして遊んでいる暇などないのだ。

ところで気になるのは、本当に遠山金四郎が桜吹雪の彫り物をしていたかということだろう。じつは金四郎と同時代の、作者不詳の『浮世の有様』には「金四郎は賭場《とば》に出入りするなど放蕩《ほうとう》生活を送り、たびたび悪事も働いていたが、やがて家督を継ぐことになった。だが、総身に彫り物をしているので醜い」とある。全身に彫り物をしていたというのだ。

数年間、金四郎の部下であった佐久間長敬《おさひろ》も『江戸町奉行事蹟問答』（南和夫校註人物往来社）の中で、体に彫り物をしていたという証言を残している。となると、どうも彫り物があった可能性は高いようだ。しかし具体的な紋様は語られていない。

それが明記されるようになるのは、明治時代の記録である。木村芥舟《きむらかいしゅう》は「左腕に花の紋様を描いた入墨があった」と回想しているし、中根香亭《なかねこうてい》が著した『帰雲子伝』（金四郎の略伝）には、金四郎があるとき歌舞伎の脚本家・二世並木五瓶《なみきごへい》と喧嘩になったが、興奮のあまり相手に殴りかかろうと腕をまくり上げた瞬間、肩から腕にかけての彫り物が顔を出した。なんとそれは、女の生首が髪を振り乱して巻物を咥《くわ》えた絵柄のまことにグロテスクなものだったとある。遠山の金さんの彫り物が桜吹雪ではなく、女の生首だというのは、イメージが狂ってしまう。

この『帰雲子伝』は明治中頃に出版されたが、この頃、『遠山桜天保日記』という歌舞伎の脚本が竹柴其水《たけしばきすい》によってつくられ、明治座で市川左団次が金四郎を演じている。このときの金さんの彫り物は、やはり女の生首だったという。ただ、これではちょっと格好がつかないと思ったのだろうか、ほぼ同時期に桜吹雪説も登場し、そちらのほうが金さんのトレードマークとして定着していったのである。

以後、北町奉行・遠山金四郎は、名奉行として歌舞伎や芝居で好んで演じられ、やがて映画やテレビドラマの題材ともなっていった。

ところで史実の遠山金四郎は、本当に名奉行だったのであろうか。

金四郎の正式名は、遠山左衛門尉《さえもんのじょう》景元。寛政五年（一七九三）に景晋《かげくに》の子として生まれ、三十七歳のとき家督を相続している。ただ、これ以前より江戸城西の丸小納戸《こなんど》役として出仕しており、以後は小普請《こぶしん》奉行、作事奉行、勘定奉行と順調に昇進を続け、四十八歳の天保十一年（一八四〇）に江戸の北町奉行に就任した。

お裁きは巧みだったようだ。将軍・家慶《いえよし》は、彼の裁判を見聞きし、その見事な訴訟の扱いぶりに感歎し、金四郎のことを褒めたたえている。ただ、もともと金四郎は家慶の側に仕えていたという経緯があり、お気に入りだったこともその評価と関係しているのかもしれない。ちなみにこのとき扱った案件は、養子縁組問題と弟子入りに関する揉め事であり、犯罪行為ではなかった。実際、金四郎が町奉行在職中に殺人などの犯罪行為について、彼自身が主導して名裁きを演じたという記録は残っていない。

では、なぜ金四郎は名奉行、庶民の味方となったのだろうか?

それは、天保の改革と深い関係がある。金四郎が奉行になってまもなく、幕府で権力を握った老中・水野忠邦が天保の改革を開始する。この改革は、庶民にとって憎むべきものであった。庶民に厳しい倹約令や贅沢《ぜいたく》禁止令を出し、江戸の市中にスパイを放って奢侈《しゃし》品を身につけているものを片っ端からしょっ引き、取り締まったからだ。流行作家や歌舞伎役者を弾圧するなど、庶民の英雄や娯楽も奪っていった。そんな水野の片棒を担いで、実際に江戸の町で厳しい風俗の取り締まりをおこなったのが、じつは遠山金四郎だったのだ。

にもかかわらず、金四郎の人気が高まったのにはワケがある。同僚の南町奉行・鳥《とり》居耀蔵《いようぞう》がさらに輪をかけて水野に忠実であり、庶民を苦しめていると評判が悪かったからだ。それに対して金四郎は、庶民にはかなり同情的であった。たとえば、水野が寄席を全廃しようとしたとき、金四郎はそれを諫めている。結局、ほとんどの寄席は潰されてしまったものの、どうにかごく一部の存続が許された。

さらに歌舞伎の芝居小屋の一件である。天保十二年（一八四一）に堺町の中村座から火が出て、三座（代表的な三つの歌舞伎の劇場）がみな焼失してしまう。すると水野は、歌舞伎は庶民の風俗を乱すので、このさい取りつぶすべきだと主張したのである。その意を受けた鳥居が芝居小屋廃止に動くと、遠山金四郎は「何も庶民のささやかな楽しみまで奪う必要はないでしょう」と強く反対したのである。将軍・家慶の意向もあり、芝居小屋は江戸の場末である浅草へ移転することで落着した。もしかしたら、金四郎が将軍に密かに働きかけたのかもしれない。

いずれにせよ、目障りに思った水野によって金四郎は大目付に転出させられる。実際は出世であったが、敬して遠ざけられたらしい。ただ、天保の改革は水野失脚により二年間で終わりを告げた。すると金四郎は再び町奉行に返り咲いたのだ。

ただし、今度は北町奉行所ではなく南町奉行所の町奉行であり、じつは、こちらのほうが在職期間が長かった。しかも両奉行所の奉行になったのは、金四郎が初めてのことであった。彼が町奉行としていかに能力が高かったかがわかる。金四郎は六十歳のときに南町奉行を引退し、それから三年後の安政二年（一八五五）に死去した。

金四郎が遠山の金さんという名奉行として歌舞伎の演目になるのは、『遠山桜天保日記』など明治二十年代になってからのこと。これに関しては、金四郎が町奉行時代、親しく江戸の町を巡察したり、町人たちをお白洲に呼んで訓戒を述べたりしたこと。相役の鳥居耀蔵が庶民を苦しめたこと。明治中期に、南町奉行を務めた大岡越前守忠《ただ》相《すけ》の『大岡政談』が人気になったことなどが関係しているだろう。

ただ、最大の理由は、歌舞伎役者や興行主など芝居関係者が、歌舞伎の存続に尽力してくれた金四郎のはからいに感謝し、彼を名奉行に仕立て上げ、盛んに上演することで、その恩に報いたためだと考えられている。

富士山がなければ、二宮金次郎の銅像はなかった?

以前、元千葉県知事の森田健作さんが司会をする「もしもで考える…　なるほど!なっとく塾」(BSフジ)という番組で、歴史の授業をしてほしいという依頼があった。テーマはなんと「もしも富士山がなかったら」。正直いって、そのテーマの意外性に少々驚いたが、面白そうだったので快諾し、いろいろとネタを集めてみた。

富士山がなければ、葛飾北斎の富嶽《ふがく》三十六景をはじめ、横山大観など多くの絵画の名作がなかったし、富士山を扱った和歌や物語など文学もない。でも、そんな話は当たり前すぎて陳腐《ちんぷ》でつまらない。もっとインパクトがあるネタがないものかとあれこれ考えたすえに、「もしも富士山がなかったら、二宮金次郎の銅像はなかった！」という案を思いついた。

さっそくその話を担当ディレクターに告げたところ、突拍子もない私の発言にとまどった様子だった。それはそうだろう、金次郎の生涯を詳しく知らなければ、絶対に考えつかない発想だからだ。自信を持った私は、丁寧にその理由を説明し、このネタをオンエアにまで持ち込むことができた。

それにしても、富士山がなければ二宮金次郎の銅像はなかったとは、いったいどういうことなのか。おそらく読者諸氏も気になるだろうから、種明かしをしよう。

二宮金次郎（尊徳《たかのり》）は、天明七年（一七八七）に小田原藩領の相模国足柄上郡栢山《かやま》村（現・神奈川県小田原市）に利右衛門の長男として生まれた。もともと二宮家は豊かな農家だったが、寛政三年（一七九一）八月五日、それが一変する。

近くの酒匂川《さかわ》が大雨によって増水、ついに氾濫を起こして、二宮家の田畑の大半に濁流が入り込み、農作物が流されるだけでなく、砂利や石が流入し、水が引いたあとはまるで河原のような荒れ地に変貌してしまったのである。金次郎が五歳のときのことであった。

このため二宮家は赤貧に陥《おちい》ってしまった。利右衛門は、必死に荒れ地を復旧しようと働いたが、もともと病弱であったこともあり、やがて体調を崩し、ついに家を立て直すことができぬまま寛政十二年（一八〇〇）に亡くなってしまった。十四歳の金次郎は、以後、母・よしを助けて薪《たきぎ》拾いや草鞋《わらじ》づくりの内職につとめたが、二年後、無理が祟《たた》ったのか母も死んでしまったのである。このとき金次郎は十六歳、その下には三歳下の友吉、十二歳下の富次郎がいた。現在でいえば金次郎は高校一年生、そんな彼に一家を背負えるはずもなく、金次郎は伯父の万兵衛のもとに預けられ、友吉と富次郎は母の実家に引き取られ、二宮家は一家離散となったのである。さらに不運なことに、享和二年（一八〇二）、再び酒匂川が氾濫し、亡父が復興した田畑がまた荒れ果ててしまった。

金次郎は万兵衛の家で作男のようにこき使われたというが、めげなかった。己の力で一家を再興しようと思い立ち、洪水で荒れた所有地に菜種を植えたり、夜なべ仕事や小作をしたりして金を貯め、二年後に伯父の家を出ると、貯めた金を貸しては増やし、もうけた金で土地を買い、それを小作人に耕作させるなどして、わずか四年間で家を再興したのだ。

この間、算術や読書を独学で身につけ、さらに農業研究をおこない、近隣の人びとに農業指導をするようになった。小田原藩の家老・服部十郎兵衛が噂を聞きつけ、金次郎を若党に抜擢、やがて服部家の家政立て直しを一任された。

金次郎は小田原藩から借りた金銭を巧みに運用して服部家の借金を完済、同家の人びとに倹約を励行させることで見事に財政を再建する。すると、小田原藩主が金次郎に、藩の分家にあたる旗本・宇津家の桜町領（現・栃木県芳賀郡）の復興を依頼してきたのである。

金次郎はこれを快諾し、妻子と桜町領に移住する。そして十年間で生産力を倍にする目標をかかげ、領主から領内の年貢減免をとりつけたうえで、農家の次男を分家させたり他所から農民を招いたりして人口不足を解消し、干鰯《ほしか》など効率のよい肥料を使用させて生産性を上げた。また、種籾《もみ》の貸し付けなど支援を手厚くしたり、農道や用水路を整えるなどのインフラを整備した。さらに領内を毎日巡回して農民たちに勤勉、節約、積善を説き、精勤者を入れ札（投票）で選ばせて表彰するなど教化政策に力を入れた。こうした努力によって桜町領は見事に復興したのである。

これにより関東各地から金次郎に農村復興の依頼が殺到、金次郎は多数の豪農にその手法を教授した。これを報徳仕法《ほうとくしほう》という。天保十三年（一八四二）、幕府も金次郎の功績を認め、彼を幕臣に取り立てたうえで日光領など天領の復興を命じたのである。安政三年（一八五六）、金次郎は七十一歳の生涯を閉じた。

いま見てきたように五歳のときに酒匂川が氾濫しなかったら、二宮家が落ちぶれることはなく、偉大な二宮金次郎は世に登場することはなかったことがわかるだろう。しかし、川の氾濫と富士山、いったいどんな関係があるのか。きっと読者諸氏は不思議に思うだろう。じつは、この酒匂川の氾濫、なんと富士山の噴火のせいなのである。

金次郎が生まれるちょうど八十年前、富士山が大爆発を起こしたのだ。宝永四年（一七〇七）十一月二十三日のことだ。富士山はこれまでたびたび噴火を繰り返してきた。主なものをあげると、西暦八〇〇年、八六四年、一〇八三年、一四三五年、一五一一年。ただ、宝永大噴火は溶岩の流出がなかった代わりに、前代未聞といえるほどの降砂被害があった。登山口の須走村では火山弾が降り注ぎ、その後、石や砂が降り積もり、なんと三メートルの高さに達している。現在の神奈川県藤沢市でも降灰が三十センチ近くに達し、江戸市中にも降り注ぎ、新井白石などは昼間なのに暗くなり、灯りをつけざるを得なかったと述べている。また、火山灰で肺を侵され咳に悩まされる人が続出したという。

こうした膨大な火山灰や火山性の砂利は、雨が降るたびに川に注ぎ込み、大量の砂で川底がせり上がっていった。とくに酒匂川は降雨のたび、洪水が起こるようになる。そこで伊奈忠順《いなただのぶ》、田中丘偶《きゅうぐ》、蓑笠之助《みのりゅうのすけ》などが三十年近くかけて堤防工事や川浚《さら》いをおこなった。この努力により、上流での大決壊はなくなったが、ときおり下流で洪水が起こってしまった。

つまり、「富士山大爆発→酒匂川の洪水→二宮家の田畑壊滅→二宮金次郎の活躍」という連鎖があるのだ。いかがであろう。納得していただけただろうか。

ちなみに金次郎の死後、報徳仕法は弟子たちによって継承されてきたが、日露戦争後、爆発的な隆盛を迎えることになった。この戦争は百万人の兵士を中国大陸へ送り、莫大な戦費と犠牲者を出して辛勝した、まさに日本にとっての総力戦だった。なのに戦後は賠償金が一円も獲得できなかった。このため農村は疲弊し、国民も虚脱状態に陥ってしまった。この状況を打開するため、政府は国民に勤勉や倹約を説く戊申詔書《ぼしんしょうしょ》を出すとともに、内務省が中心となって地方改良運動を展開していった。疲弊した農村の産業振興と財政再建を目指す運動だ。そのおり内務省は、農民教化の手段として報徳仕法を積極的に奨励し、全国各地に報徳社が続々と設立されていった。

このように、近代になって金次郎の精神は、にわかに復活を遂げたのである。

ちなみに薪を背負い読書をする二宮金次郎像は、この時期に誕生したという。明治四十三年（一九一〇）に岡崎雪聲《せっせい》がこの銅像をつくって東京彫工会に出品したところ、明治天皇が気に入って買い上げたのが始まりだといわれ、以後、報徳社の人びとによって各地に銅像がつくられていった。さらに、村の大人たちが金を出しあい、地元の小学校に金次郎像を寄付するようになったのである。

昭和になり、日中全面戦争が勃発し、国民の生活が苦しくなってくると、金次郎に学んで勤倹生活に耐えようと、金次郎像は量産されていった。しかし太平洋戦争で物資の不足が深刻になると、銅でつくられた金次郎像は、政府に供出させられ、鋳つぶされて武器などになってしまった。さらに戦後は、校舎の建て直しや校庭整備のさい、無用の長物として撤去されてしまうケースもあとを絶たなくなった。

とはいえ、近年新たに金次郎像をつくって設置する学校も少なくない。ただ、薪を背負い歩きながら本を読んでいるというスタイルが変わりつつある。薪を背負い、座って本を読んでいるのだ。歩きスマホ同様、歩きながら本を読むのは、危険な行動ということらしい。でも、これでは当初の趣旨から大きく外れてしまい、あえてそんな像を設置する意味があるのか少々疑問になってくる。

金次郎像にさらに言及するなら、あの姿は史実ではない。薪集めをしていたのは事実だし、読書に励んだのも事実。でも薪を背負いながら読書したという確実な一次史料は存在しないのである。

その記述が最初に登場するのは『報徳記』だ。これを記したのは金次郎の高弟で婿でもあった富田高慶《こうけい》であり、本が書かれたのは金次郎の死後である。さらにあの銅像の姿が描写されるのは、幸田露伴が明治二十四年に著した『二宮尊徳翁』の挿絵が最初だといわれる。金次郎が本格的に勤労するのは父が歿した十四歳以降のこと。すでに成長期を迎えていたことだろう。ちなみに史実の金次郎は身長が六尺、いまでいえば百八十センチ以上の大男だった。銅像のような幼い少年の姿ではなかったのである。

3章　知っているようで知らない江戸時代の仕組み

江戸時代に花開いた遊郭文化

江戸幕府が公認していた遊郭の代表は、江戸の吉原、京都の島原、大坂の新地であり、これを俗に三大遊郭と称した。遊郭のまわりは堀や塀で囲まれ、遊女が集まっている場所であることから、遊郭という名称が付いた。別名を色里、くるわ、遊里などともいった。

一歩、郭内《かくない》へ足を踏み入れると、江戸時代の身分は消え失せた。どれだけ多くの金銭を気前よくばらまくか、その言動がいかに洗練されているかが客の価値すべてを決める。

遊郭の起源だが、戦国末期に京都や大坂などの都市部に人が集まり、それに従って遊女屋があちこちで勝手に客を取るようになった。このため豊臣秀吉が遊女屋を一カ所に集める指示を出した。この方針が江戸幕府でも踏襲《とうしゅう》されたのだと伝えられる。

新都市の江戸でも慶長十七年（一六一二。異説あり）に日本橋の葺屋《ふきや》町に遊郭が誕生した。それが吉原だ。申請したのは遊女屋の代表・庄司甚右衛門《じんえもん》で、幕府は遊郭を認める代わりに「客の逗留《とうりゅう》は一昼夜に限る。人身売買の不法行為を防止する。犯人逮捕に協力する」という三条件をつけた。しかし明暦の大火で江戸市中の大半が焼失すると、これを機に吉原は明暦三年（一六五七）に浅草へ移された。この場所はもともと田園だったが、二万坪を四角に区切り、田圃《たんぼ》を埋め立てて新たに遊郭を造成したのである。以後、葺屋町の吉原跡を元吉原といい、浅草のほうは新吉原と呼ぶようになった。

それでは、江戸時代の遊郭の例として、新吉原の仕組みを簡単に紹介していこう。

新吉原は市中から外れた郊外に位置した。だから遊びに行くためには、徒歩や乗り物（馬や駕籠《かご》）以外に、金持ちは舟を使う場合も多かった。大川（隅田川）沿いの船宿（船の貸し出し施設）に入り、そこから舟（猪牙舟《ちょき》）で川をさかのぼって山谷堀へ向かい、堀から陸《おか》へ上がって日本堤を通り吉原へ向かうのだ。

日本堤を歩いていると知人に会うこともあったが、そこはそれ、互いに知らないフリをしたという。中には本人とバレぬよう変装する者もいた。多いのは僧侶だ。坊主頭だから「俺は医者だ」と身分を偽ったり、カツラをかぶったりして吉原通いに精を出した。けれどときおり町奉行所の一斉摘発が入り、のんびり妓楼に泊まっていると、逮捕されることもあった。なんと寛永八年（一六三一）には六十七人が、天保十二年（一八四一）には四十八人が、女犯《にょぼん》の罪で捕まり、江戸の日本橋で晒《さら》された。それにしても僧侶の集団晒刑は圧巻だったろう。

さて、いよいよ吉原に到達する。ただ、遊郭のまわりはぐるりとお歯黒溝《どぶ》と称する堀がとりまいていて、とても飛び越えることができない幅がある。しかも出入り口は、大門《おおもん》と呼ぶ一カ所のみであった。いうまでもなくこれは、遊女の逃亡を防ぐための措置であり、同時に犯罪者の侵入を防ぐ目的もあった。

大門をくぐると、すぐ左手に面番所《めんばんしょ》が設置されている。番所内には町奉行所から出張してきた役人たちがおり、客の出入りに目を光らせた。長刀などの武器は持ち込むことはできなかったし、一般の女性も一切入ることは許されない。

大門から真っ直ぐに大きな通り（仲の町）が中央を貫き、左右には茶屋が軒《のき》をつらねている。吉原全体は、江戸町一・二丁目、京町一・二丁目、角町、揚屋町、伏見町などいくつかの区画に分けられ、大通りの「仲の町」から一歩横道に入ると、今度は妓《ぎ》楼《ろう》がずらりと並び、一階の張見世《はりみせ》では格子《こうし》越しに女たちが座っている。全盛期（十九世紀前半）には、遊女が六、七千人以上おり、遊女以外の労働者たちも五千人以上いたという。

なお、一口に遊女といっても多くの階級に分かれていた。

最高ランクの太夫《たゆう》、その下に格子、そして散茶《さんちゃ》、切見世《きりみせ》などだ。しかも時代によって呼び方や階級数は変化する。たとえば最高級の太夫は、享保期は三千八百人の遊女の中でわずか四人だけだったが、明和年間（一七六四〜一七七二）になると消滅してしまう。ちなみに花魁《おいらん》と呼ばれるのは太夫だけだったが、のちに吉原から消えたこともあり、やがて高級な遊女一般をさす言葉になった。

花魁のような高級遊女を相手にできるのは「上客」と呼ばれる金持ちだけだ。豪商や大名とその重臣が大半だったから、教養があり芸事にも堪能な必要があった。だから遊女も格が高くなると、歌や踊りだけでなく、和歌や俳句、茶道や花道にまで通じ、さらには儒学や絵画、囲碁や将棋にまで豊富な知識を有していた。

花魁は相手を不快にさせないよう、体臭には気をつかい、悪臭の源になる生ものや臭い野菜は一切食べず、香料の入った湯船に長時間入り、常に匂い袋を身につけた。顔に汗をかくこともタブーとされ、暑い夏に打掛《うちかけ》を重ね着しても、汗をかかない鍛錬をしたといわれる。だからどんな客も満足させることができたのである。

さて、そんな花魁と遊ぶためには、客は揚げ代として一両二分を支払う必要があった。

それがどれくらいの価値になるのかということだが、じつは現代の金額に換算するのはほとんど不可能なのだ。江戸時代は二百六十年以上続いた。同じ一両小判でも、時期によって金《きん》の含有量が大きく違うし、価値も変わる。また、何を換算の指標にするかでも、全然金額は変わってくる。たとえば、大工や職人の賃銀を例にとって考えてみよう。

江戸時代、一両（＝四分）で一日二十三人の大工を雇えたという。いまの大工の日当は一万五千円ぐらいなので一両二分は五十万円ぐらいになる。ところが米の値段だと、十万円ほどなのだ。同じ一両二分なのに五十万円と十万円では、五倍の開きがある。あまりに額がかけ離れていることがわかるだろう。それを理解してもらったうえで、とりあえず米の値段に換算して話をすすめていこう。

さて、初日は揚げ代として十万円も支払った。それなのに、その日は遊女を抱くことはできない。足りないのではない。いくら金を積んでも無理なのだ。少なくとも三度は足を運ばなくてはならない決まりになっているのである。

吉原では模擬的に夫婦のちぎりを結ぶという過程をとる。出会い、親しみ、恋に落ち、男女関係になるという手順をきちんと踏む必要があるのだ。さらに驚くのは、客が支払った揚げ代は、花魁の懐には一銭も入らないことである。すべて店の収益になってしまうのだ。

では彼女たちの収入は何か。それが、床入り（性行為）した際に客からもらう「床《とこ》花《ばな》」だ。いまでいうチップにあたる。なので、三回目からようやくお金が入ってくるわけだ。ゆえに遊女たちは客がずっと自分のもとを訪れてくれるよう、あの手この手を考える。思わせぶりな言葉や別れの涙は当たり前、ラブレターもありふれた手段。場合によっては刃物を使って自分の体に相手の名前を刻んだり、愛の印に小指を切り落として送ったりする。過激すぎる行為に思えるが、生活がかかっているので必死なのだ。

さて、遊女がもらう床花だが、その額はなんと揚げ代の四～五倍。米の金額に換算しても一晩に五十万円以上だ。大工の手間賃ならなんと、二百五十万円になる。いまの高級クラブや風俗店、いやぼったくりバーでも、さすがにここまではぶん取られないだろう。ただし、明確な規定はないから、上客はもっと気前よく金を出したそうだ。

とはいえ、床花すべてが花魁本人の懐に入るわけではない。二割は店（妓楼）に差し出し、もう二割は店のスタッフたちに渡す決まりになっていた。実質的に手にできるのは六割程度。つまり、いまの金額（米に換算）にして三十五万円ほどが実収入だったわけだ。

しかも花魁は日に一人しか客をとらず、しかも毎回床入りするわけではないので、その月収はおよそ米換算で一千万円程度と考えてよい。ものすごい高収入のように思えるが、じつは花魁の手元に金はほとんど残らなかった。とにかく出費が多いのだ。

きらびやかな衣裳、髪飾り、所有する座敷の家具や布団にチリ紙まで、すべて自前だった。さらにお付きの新造《しんぞう》や禿《かむろ》といった少女の小遣い、客への贈り物代などがかかったのだ。

ちなみに、吉原の遊女たちはみな、共通の話し方をした。いわゆる「ありんす」言葉だ。これはお国なまりを隠すためだったといわれる。

彼女たちの多くは、子どものとき親に売られた地方農民の娘。二十七歳になった正月、年季が明けて晴れて自由の身になれたが、その多くは性病や伝染病でそれ以前に亡くなってしまい、そうした病死者は近くの浄閑寺へ葬られた。同寺で弔《とむら》われた遊女の数は、一万五千人にのぼると推定されている。一生、郭《くるわ》の中で生きていくのが定めだったのだ。ただ、生きて出る手段もあった。旦那に身請《みう》けしてもらうのだ。しかし、そんなありがたい身請け話を断った遊女がいる。それが高尾太夫だ。ちなみに、「高尾太夫」は一人だけでなく、三浦屋に伝わる大名跡《みょうせき》（俗にいう源氏名）で、何代まで続いたかは諸説ある。たとえば前出の榊原政岑に身受けされた高尾太夫は六代目といわれている。

現在の吉原大門跡から吉野通へ入る手前に、春慶院という小寺がある。この寺の本堂脇に、二代目とされる高尾太夫の墓がある。伝承によれば、仙台藩主・伊達綱宗《つなむね》が無理やり高尾を身請けし、船に乗せて大川（隅田川）から自分の屋敷に連れて帰ろうとしたさい、あまりに彼女が嫌がるものだから、激怒した綱宗が彼女を船中でつるし斬りにして殺してしまったのだという。

墓は笠石塔婆で、正面には女性らしい柔らかな文様が彫り込まれ、右面に「寒風にもろくもくつる　紅葉かな」という遺詠の句が刻まれている。

いずれにせよ、日本の遊郭や遊女は、西洋のそれとは大きく異なり、一つの独特な文化をつくり上げてきたのである。

じつは差別もされず、年季が明けると普通に嫁にいった遊女たち

前項で遊郭の話をしたが、江戸時代に日本を訪れた外国人は、この文化をどのように感じたのだろうか。江戸時代中期の安永四年（一七七五）、オランダ商館の医者として長崎の出島にやってきたＣ・Ｐ・ツュンベリーの記録を見てみよう。

「日本の大半の町の一角には、多かれ少なかれ遊女屋が置かれている。旅人その他の慰めとするためである。この点では長崎の町も例外ではなく、オランダ人や中国人に

も歓楽の機会を与えている」(高橋文訳『江戸参府随行記』平凡社東洋文庫)

ツュンベリーが記しているように、日本にはとにかく遊女の数が多く、幕府が公認した遊郭のほか、どこの町にも岡場所(私娼が集まった非公認の風俗街)があった。江戸の深川などが有名だが、各宿場町でも旅籠《はたご》(旅館)は飯炊女《めしたきおんな》という名称で、人数を限って女性を置き、彼女たちの売春行為を認めていた。

ただ、驚くのは、長崎には外国人専門の遊女屋があったことである。先のツュンベリーもお世話になっていた。彼は遊女との「付き合いを望むものは、毎日遊女の予約をとりに島にくる男に、その旨を告げる」と書いており、毎日、長崎の出島まで遊女屋の店員が予約を取りにきていたことがわかる。

オランダ人は出島から出ることができないので、予約が入ると「この男は、禿《カブロ》と呼ばれる若い女中を伴った遊女を夕暮れ前に連れてくる。禿は、遊女がいいつける飲食物を毎日、町から調達し、また料理をあたため、茶などを沸かし、まわりをきれいにし、そして使い走りをする」とある。

ちなみに、丸山遊郭の遊女に惚《ほ》れ、帰国のさい彼女を密《ひそ》かにオランダに連れていき、正式な妻にしたオランダ人もいたという。また、オランダ商館長(カピタン)のブロムホフは、惚れた遊女の糸萩になんとラクダのつがいをプレゼントしている。だが、もらった糸萩は飼うことができず、ラクダを持てあましたすえに見世物の商売人に売ってしまったという。早世したが、糸萩はブロムホフの子を産んでいる。

ちなみに、ツュンベリーの記録に登場する禿というのは、十歳以下の少女のことである。たいてい親に売られてくる。はじめは見習いとして遊女たちに付き添い、さまざまな雑用を担い、やがて自分も遊女になった。

幕府は、業者による人身売買を基本的に禁じていたが、親が娘を売る行為は認めていた。ただ、それは外国人にとっては驚くべきことだった。ツュンベリーも「両親が貧しくて何人もいる娘を養えない場合に、娘が四歳を過ぎるとこの種の家の主人に売る」と述べている。いっぽうで「幼女期にこのような家に売られ、そこで一定の年月を勤めたあと完全な自由を取り戻した婦人が、はずかしめられるような目で見られることなく、のちにごく普通の結婚をすること」を奇異に感じている。年季明けや身請けされた遊女が差別されていないことを、西洋の売春婦と比較して驚いたようだ。いまの日本では、風俗産業で働く人びとは差別を受けている。だからこそ、その事実を隠そうとしたがるわけだが、江戸時代はそんなことはなかったのだ。

幕末に来日したイギリス公使・オールコックも、日本人は「親子の愛情が欠けていることはないようである。子供を愛する器官（もしそんな器官があるとすれば）はまったく大いに発達しているように思える」（山口光朔訳『大君の都　幕末日本滞在記下』岩波文庫）と述べ、なのに「父親が娘を売春させるために売ったり、賃貸ししたりして、しかも法律によって罪を課されないばかりか、法律の認可と仲介をえているし、そしてなんら隣人の非難もこうむらない」ことに大いに驚いている。

ただ、幕末に来日したフランスの海軍士官・スエンソンは、次のように述べている。

「日本のゲーコは、ほかの国の娼婦とはちがい、自分が堕落しているという意識を持っていないのが長所である。日本人の概念からいえば、ゲーコの仕事はほかの人間と同じくパンをエルための一手段にすぎず、〔西洋の〕一部の著作家が主張するように、尊敬されるべき仕事ではないにしろ、日本人の道徳、いや不道徳観念からいって、少なくとも軽蔑すべき仕事ではない。子供を養えない貧しい家庭は、金銭を受け取るのと引きかえに子供たちを茶屋の主人に預けても別に恥じ入ったりするようなことはないし、家にいるより子供たちがいいものを食べられ、いいものを着られると確信している」、「ゲーコの多くは、前もって定められた年数を茶屋で過ごしさえすれば契約が切れ、誰にも妨げられずに家にもどることができて、まともな結婚さえ可能である」（長島要一訳『江戸幕末滞在記』講談社学術文庫）

このように、きちんと日本の遊女文化を理解していた外国人がいたのはまことに興味深いことである。

教科書に載らない、なぞに包まれた大奥という不思議な空間

日本史の通史（すべて）を学ぶ高校の科目が『日本史B』である。そんな日本史の教科書には、知っておくべき重要な内容がぎっしり詰まっている。中には四百ページを超える膨大な教科書もある。二〇一八年当時、八種類の教科書が出版されていたが、このうち、三冊には「大奥」という用語が載っていないのである。

大奥といえば、テレビや映画、時代小説の題材となり、誰もが知っている言葉だ。しかも江戸時代の政治や社会にも大奥は影響を与えてきた。私としてはこの過小評価はどうも腑《ふ》に落ちない。そこで今回は、大奥について詳しく紹介していこうと思う。

大奥は、江戸城の中にある将軍の妻子が住む区画である。ただ、広義には大奥と呼ばれる場所は江戸城に三つ存在する。本丸、西の丸、二の丸に、それぞれに大奥があったのだ。

本丸御殿の大奥には、現役将軍の妻子が住んでいる。西の丸の大奥には、将軍の跡

継ぎ（世嗣《せいし》）とその妻子、大御所（将軍を引退した人）とその妻子が住んだ。また、二の丸の大奥には、将軍の生母、前将軍の正妻や側室などが生活していた。

ただ、一般的に大奥といった場合、本丸にある大奥をさした。本書でも、本丸の大奥に限定して話をすすめていきたい。

将軍は江戸城の本丸御殿に住んでいるが、この御殿は表・奥（中奥）・大奥という三つの空間に区分される。そのうち大奥は、御殿全体の約六割もの広さを占めた。ちなみに「表」というのは、将軍が儀式や諸大名との対面をおこなう公的な空間。「奥」は将軍の執務室であり同時に日常の生活空間だった。そして、その先に「大奥」がひかえているわけだ。ただ、気軽に大奥に出入りできるわけではない。奥（中奥）と大奥のあいだは銅瓦塀で分断されており、出入り口は御鈴《おすず》廊下と称する渡り廊下のみだった。しかも御錠《ごじょう》口と呼ばれる渡り廊下への入口は、九尺七寸（約三メートル）の頑丈な杉戸で閉ざされていた。それに御錠口をくぐっても、渡り廊下を渡りきる手前には同じような杉戸があり、大奥側からしっかり施錠されていた。

四代将軍・家綱のとき明暦の大火で本丸御殿は焼失したが、その後は避難用として新たに渡り廊下が新設された（下御鈴廊下）。このため当初の御鈴廊下は、新設の廊下と区別され、上御鈴廊下と呼ぶようになった。ちなみに「御鈴」という名称だが、将軍が大奥にやって来るとき、合図に鈴を鳴らして大奥側に伝え、戸を解錠させたことが由来である。ただ、どんな鈴なのかは、じつはよくわからない。綱が天井から下がり、そこに数個の鈴がついていたとか、天井の綱を引くと、廊下に通したヒモにつけた多くの鈴が一斉に鳴る仕組みだったとか、御錠口から廊下づたいに二十間（約三十六メートル）先の御鈴番所まで綱を通し、綱を引くと、番所の鈴が鳴る仕組みになっているといった説がある。

大奥の建物構造だが、「御殿向《ごてんむき》」、「長局《ながつぼね》」、「御広敷《おひろしき》」の三空間に分かれていた。御殿向は、将軍と御台所《みだいどころ》（正室）が生活する場所。ここで奥女中（大奥で働く女性の役人）が将軍や御台所の世話などの公務にあたった。長局は、奥女中が住むプライベート空間だ。そして広敷は、大奥に関する事務や警備にあたる役人がつめる場所。しかも広敷役人は男なのである。男子禁制というイメージが強い大奥だが、じつは男たちが働いていたのだ。ただし、御殿向とは御錠口で、長局とは七ツ口で厳重に仕切られていた。

さて、大奥で働いている女中の人数だが、残念ながら正確な数はわかっていない。時期によっても大きく違う。だいたい千人から三千人ぐらいであろうか。

奥女中には、厳密な階級制度があった。最高位は上臈年寄《じょうろうとしより》で公家の出身だ。続いて年寄がいて、これが幕府における老中の役割を果たし、万事、大奥を取りしきっていたという。次いで御客応答《おきゃくあしらい》、御中臈《おちゅうろう》、御錠口《おじょうぐち》、表使《おもてづかい》など多くの役職があるが、御三之間《さんのま》から以下は将軍に会うことができない（お目見え以下）。だから御中居《おなかい》、火之番《ひのばん》、御半下《おはした》といったお目見え以下は、御家人のみならず、町人や百姓の娘から採用されることも少なくなかった。また上級の奥女中になると、個人的に雇用したり面倒を見ている「部屋方（部屋子）」が数名から十数名いた。

ただ、奥女中は、大奥内部のことは決して他言しないという血判付きの誓紙を差し出したので、幕末における女中の回想程度でしか内部の事情がわからなかった。しかし近年、村方文書の発掘や研究によって次第にその様子がわかってきた。

以前、フジテレビ系列の「フルタチさん」という番組で、日本の名家を紹介するロケに行ったことがある。このとき二十六代目・岡田嘉右衛門《かうえもん》さんのお宅にお邪魔した。

驚いたのは岡田さんのご自宅の住所である。嘉右衛門町というのだ。つまり、御当主の名前が町名になっているのである。もともと栃木市のこの地域は岡田嘉右衛門が開拓し、江戸幕府から町名を下賜《かし》されたという伝承がある。当主は代々名主を務め、日光例幣使《れいへいし》街道の本陣（宿泊施設）を担い、さらに領主である旗本畠山氏の代官職を務めた。大きな門をくぐると、見事な庭園、代官屋敷、そして大きな蔵が並ぶ。蔵の二階には当時の貴重な古文書がびっしり所蔵されていたが、その中に長年にわたって岡田家が付けてきた大量の日記があった。

日記には、幕末に岡田家から美恵とるいという姉妹が、ツテをたどって大奥に奉公したことが詳しく書かれている。じつは大奥というのは、行儀や芸事が学べるなど現代の女子大学と同じ役割を果たしており、短期間でも奉公すると箔《はく》が付いて良縁に恵まれた。だから金銭的に余裕がある商人や豪農は、競って自分の娘を大奥へ上げた。奥女中は、女中法度によって行動が規制されたが、お目見え以下だと比較的自由に宿下がりができた。

いずれにせよ、多くの人間がいるので、大奥の予算は幕府収入のおよそ一割を占めたとされる。バカにならないのが人件費だった。御年寄クラスになると莫大な米と金、さらに町屋敷が与えられ貸家経営まで認められていた。また、三十年勤続した者には屋敷が下賜されたうえ、死ぬまで年金がもらえた。安易には換算できないが、上級女中は現代でいえば年収二千万円以上もらっていたという説もあるようだ。そこで八代将軍・吉宗は、奥女中五十人をリストラした。その手法がなんともユニークだった。美女を五十名集めさせ、彼女たちに「若くて美しければ、良縁に恵まれるだろう」と退職を申し渡したというのだ。

ところで、大奥にはかなりの政治力があった。田沼意次《おきつぐ》が栄達した一因は、奥女中を巧みに懐柔し、思うがままに動かせたからだとわかっている。ただ、お手がついた奥女中が、将軍に政治上のおねだりができない仕組みは将軍・綱吉の頃からでき上がっていた。床入りのさい、関係ない女性が将軍の寝室に同室し、一晩中寝ないで睦言《むつごと》に聞き耳を立てているのだ。そして翌朝、どんなことを話したかを上司に報告した。なんともむごい役職だが、こうすれば同衾《どうきん》した女性が将軍に頼み事はできない。

ちなみに奥女中は、それぞれ将軍付、御台所付、世嗣付など、お世話する担当者が決まっていた。一番格が高いのは将軍付で、給与もよかったし人数も多かった。周知のように大奥は、将軍妻子の生活の場であるとともに、将軍家（宗家）の血統を絶やさないためにつくられた、いわば将軍のハーレムの役割を持っていた。とはいえ、将軍が夜伽《よとぎ》を命じることができるのは将軍付の女中だけであった。

さて、東叡山寛永寺は、天海僧正によってつくられた徳川将軍家の祈願所である。江戸時代は、上野公園全体に伽藍《がらん》が広がる江戸随一の大寺院であった。やがて将軍の菩提寺《ぼだいじ》も兼ねるようになり、六人の将軍（家綱、綱吉、吉宗、家治、家斉、家定）が埋葬され、霊廟《れいびょう》が存在した。また、将軍たちの正室や側室など、大奥の女性たちも寛永寺に葬られたのである。

近年、その墓所一カ所（現在は旧境内の谷中霊園内。徳川将軍家御裏方霊廟と呼ばれている）の改葬に伴って、二十四名の大奥女性の発掘調査がおこなわれ、全三巻におよぶ報告書（寛永寺谷中徳川家近世墓所調査団編『東叡山寛永寺徳川将軍家御裏方霊廟』吉川弘文館）が発刊された。それを読むと、墓所からは副葬品として十二単《ひとえ》、ガラスの簪《かんざし》、水晶の数珠、黄金色の念持仏など、彼女たちが生前使っていた鮮やかな道具類が多く出土したことがわかる。浄観院《じょうがんいん》（将軍家慶《いえよし》の御台所）と澄心院《ちょうしんいん》（将軍家定の御台所）の棺内部は真っ赤であった。大量の朱（硫化第二水銀）が充塡《じゅうてん》されていたのである。遺体の防腐処理、不老不死への祈りなどがその理由だとされる。また、浄観院は目が悪かったらしく眼鏡が副葬品として出土したが、さらに驚くのは大量の爪が出てきたことだ。爪を切ったらすべて保管していたらしいのだ。爪という肉体の一部を使って呪いをかけられるのを避けるためだったと推測される。

また、澄心院は身長が一メートルぐらいしかないという伝承があったが、実際に全身の骨を計測してみたところ、百三十センチ程度しかなかった。かなり骨に変形が見られることから何らかの病だったようだ。二十代後半で病死している。木棺から樒《しきみ》の葉が多く出土したが、そこに黒いシミのようなものがついていた。のちによくよく調べてみたところ、「南無阿弥陀仏」と記されていたのだ。しかも筆跡がバラバラだったことから、遺体の臭い消しとして使われる葉に大奥の女中たちが冥福を祈って記したらしい。このように発掘という手法によって、これまで知られていなかった大奥の生活が明らかになってきているのである。

じつは一年おきではなかった？参勤交代制度についての誤解とは

「大名小名、在江戸の交替相定むる所なり。毎歳夏四月中、参勤致すべし」

これは、三代将軍・徳川家光が寛永十二年（一六三五）に改めて出した武家諸法度《ぶけしょはっと》（幕府の武家に対する基本法）の一文だ。「大名と小名（石高の少ない大名）は、国元と江戸を交代して居住することを定める。毎年夏四月に江戸に参勤せよ」という意味である。これにより参勤交代制度が大名の義務とされた。

けれど、それ以前から諸大名は妻子を江戸に住まわせ、自身も年賀の挨拶などに江戸城の将軍のもとを訪れ滞留するのが習わしになっていた。

ただ、こうした制度は、江戸幕府独自のものではない。ヨーロッパにも似たような制度があったし、我が国でも鎌倉幕府に御家人が定期的に将軍のもとにはせ参じていた。織田信長や豊臣秀吉なども諸大名を安土城や大坂城に参勤させた。ただ、この慣例を強制したのは江戸幕府が初めてだった。

参勤交代は「在府（江戸滞留）一年、在国（国元生活）一年」が原則だと思われているが、それは誤りだ。たとえば蝦夷地《えぞち》（北海道）の松前藩は五年に一度、対馬藩は三年に一度だけ在府すればよいし、江戸近郊の関東の大名は半年に一度の参勤を義務づけられている。また、徳川御三家の水戸藩主は、常に江戸常駐となっていたし、老中や若年寄といった幕府の閣僚たちも在職中は国元に帰ることは許されなかった。さらに、大名でなくても参勤交代を命じられた旗本（幕府の直臣）もいた。けっこう例外が多いのだ。

ちなみに、参勤交代は諸大名の経済力を落とすのが目的であったと学校で教わった人がいると思うが、それは正しくない。「武家諸法度」には参勤交代に関して「従者の員数近来甚《はなは》だ多し。且《かつ》は国郡の費《ついえ》、且は人民の労なり。向後その相応を以てこれを減少すべし」と書かれている。近年、大名行列の人数も多く、華美になりすぎていることを幕府が戒《いまし》めているのがわかるだろう。

参勤交代は、将軍が御恩（領地の安堵）を与えてくれているのに対し、所定の軍事力を従え、江戸へやってきて奉公（将軍のために働く）するというのが本来の目的だった。

このため、幕府は華美な参勤をやめさせようとしたが、こうした命令は徹底されなかった。なぜなら、参勤交代における大名行列は、各藩の威信がかかっていたからである。できるだけ華々しく実施したかったのだ。

結果、参勤交代には莫大な金がかかり、各藩によってその割合はまちまちだが、年間支出額の約二十〜四十パーセント程度を占めたといわれている。たとえば、日本で最大の大名である加賀百万石の前田家では四千人の大名行列を組んで参勤したが、十三日間でその費用は現在の金額にして七億円かかったと見積もられている。このようなことから、表面上は華麗さを競いながらも、諸藩は陰で涙ぐましい節約をはかった。

真っ先に節約できるのは宿泊費だ。宿場の本陣や脇本陣に泊まらず、寺院を借りたり、ときには野宿するような藩もあった。もちろん、人件費もカットした。国元や江戸から出立するときには大人数で出発するが、城下や江戸府内を出ると、こっそり家臣の一部を戻す藩が大半だった。

荷物運搬などを担う中間《ちゅうげん》・人足は、臨時のアルバイト（奉公人）で済ませてしまった。じつは江戸時代、武家屋敷で働く人間の半数以上は正規の藩士ではなく臨時雇いだったといわれている。江戸をはじめとする城下町には、口入屋《くちいれ》という人材派遣業者が多く存在した。江戸幕府は口入屋を「人宿《ひとやど》」と呼び、これが正式な呼称だったが、俗称としては口入、入口、受人宿、肝煎《きもいり》、桂庵、慶安、慶庵など、じつにさまざまな呼び名があった。ちなみに口入屋を「慶安」と称するのは、江戸木挽《こびき》町に住んでいた医師の大和慶安という者が、医業のかたわら多数の縁談をとりもったことから、人の媒酌《ばいしゃく》や周旋《しゅうせん》をするのを慶安と称するようになったのだといわれる。

それは承応年間（一六五二～五五）のことだとされるが、「人宿」の起源はもっと古く、すでに寛永年間（一六二四～四四）の古記録には登場する。ただ、元禄年間（一六八八～一七〇四）以前の口入屋の記録は乏しく、その業態はあまり解明されていないが、酒造家に労働者を斡旋《あっせん》する大坂の口入屋たちが、この時期、株仲間（同業者組合）を結成したことが判明している。江戸において十三組（三百九十人）からなる人宿組合が幕府に認可されたのは、宝永七年（一七一〇）のことだ。

口入屋は、武家から求人の注文を受けるのが一般的であった。武士には、その家格に応じて、徒《かち》や足軽、中間《ちゅうげん》といった武家奉公人を常駐させておく義務があった。しかし、物価高や俸禄の減少などにより、多くの武家が奉公人をずっと抱え続け、彼らに給金を払い続けるのは経済的に困難になった。そこで、必要に応じて口入屋に依頼し、短期契約の安い奉公人を雇い入れるようになったのである。

口入屋は、相手の注文に応じて必要な人数をそろえ、奉公人（労働者）として武家屋敷へ送ったが、そのさい、請負先と奉公人の双方から周旋料をもらった。

さらにいえば、多くの場合、奉公人は雇用先から前払いで給金を受け取った。しかも、その賃金は口入屋を通じて手渡されるのが一般的だった。

だが、こうした前払いシステムをとった場合、奉公人が金だけを受け取って、契約中に奉公先から姿をくらましてしまう心配はなかったのだろうか。

じつは、そうした不祥事は、かなり頻繁に起こっていた。

奉公人の多くは、農村からあぶれて都市に出てきた人たちで、極貧のうえ素行がよくない者がおり、契約期間が済まぬうちに逃亡してしまうケースは後を絶たなかった。

もしそうした事態が発生したときは、口入屋がすべての責任を負った。人を斡旋するさい、口入屋は先方に請状《うけじょう》（人物の保証書）を差し出し、奉公人の逃亡のみならず、奉公先でのトラブルの解決や処理にあたる義務を有した。ときには、派遣した奉公人に代わって、口入屋が処罰を受けることもあったという。

幕府でも、奉公人の逃亡や素行不良を問題視しており、江戸時代を通じてたびたび口入屋に対し、身元のはっきりしたまじめな者を派遣するよう注意を与えている。

ちなみに、口入屋と一口にいっても、その店の規模や門構えはまちまちだった。家持や家主といった家屋敷を有する者もいれば、地借や店借《たながり》もいた。

平松屋源兵衛という口入屋は、六十以上の武家屋敷に出入りしていた事実が判明している。平松屋のように規模の大きい口入屋は、小規模な口入屋を幾人も配下に置き、多数の奉公人を集めていたようだ。

口入屋の得意先は武家だったが、やがて寺院や神社、商家や職人、湯屋などにも奉公人や日雇いを派遣するようになっていき、諸階層が必要とする多種多様な労働力をすぐに提供できる頼もしい存在に成長していった。

ともあれ、庶民出身の臨時雇いの奉公人が参勤交代における大名行列の主力をなし、威風堂々と練り歩いていたことは間違いないのである。

鷹狩りの鷹場で鳥を見張るだけの仕事「鳥見」。しかもわりと高給

鎌倉幕府、室町幕府、江戸幕府。時代がすすむにつれて覚えるのが面倒になるのが、政権の職制（政治組織）だ。教科書を見ると、大老、老中、若年寄、三奉行、京都所

司代、大坂城代、大目付、側用人など江戸幕府の多くの役職が登場する。でもこれ以外にも膨大な役職があった。しかもいまの常識では考えられないような珍妙な職が少なくない。

「鳥見《とりみ》」もその一つだ。名称を聞いても何を業務としているのか想像すらつかないだろう。でもこの役職、字面《じづら》のまんま「鳥を見張る」のが仕事なのである。

幕府を創設した徳川家康は生涯鷹狩りを好んだ。その影響で歴代将軍の多くが、この鷹狩りという遊び（スポーツ）に興じた。江戸近郊には将軍一人のために設けられた鷹場がいくつもある。とくに品川、目黒、中野、葛西、戸田、岩淵に置かれた鷹場を見張るのが「鳥見」の主な役割だった。

鳥見役人たちは、鷹の標的になる雀や鴨、鶴や雁《かり》の動静や飛来状況を常にチェックするとともに、密猟者の警戒にあたった。もしそうした不届き者が現れたら、これを逮捕するのも彼らの重要な役目であった。しかも鳥見は世襲制であった。組織の頂点に組頭（二名）がいて、その下で二十三名の鳥見役が仕える構造になっている。給料はそれほど悪くない。八十俵五人扶持《ぶち》で、そのほかに金十八両が支給される。鳥見の業務としてはそのほかに、鳥もちを使って毎日十羽の雀をつかまえるという仕事があった。これは、将軍様が使用する鷹たちの餌を確保するためである。雀の捕獲は、鷹場にかぎらず、さまざまな場所でおこなわれた。ときには、他藩の大名屋敷の敷地まで、雀を追いかけて入り込むこともあった。

「幕府の鳥見である。雀が屋敷に入り込んだので、中へ入れさせてもらうぞ」

そういえば、相手は公儀ゆえ、諸藩の役人はとても拒否できないのである。

「わざわざ大名屋敷の中に入った雀を捕まえる必要などないではないか。雀なんて、どこにだっているはず」そう思うのは、浅はかである。じつは鳥見役人にとっては、雀取りを名目にして屋敷地へ侵入することこそが、真の目的なのだ。屋敷の構造がどうなっているか、何か怪しい策謀をたくらんではいないか、そういった諸々のことを探索するために、大名屋敷にわざと入りこむのである。

いわば、現代の会社でいえば監査役、飲食店でいえば保健所の職員のようなものといえる。つまり、隠密《おんみつ》の仕事も兼務していたのである。さらに雀を取るといっては、農村や神社、仏閣へも入り込み、やはり隠密行動を展開していった。地理や地形を詳細に調査して、地図をつくったともいわれている。いずれにしても、こうした権限を持っていたから、大名屋敷へ入るぞと脅して、屋敷の者から賄賂《わいろ》をせびったり、大きな音を出して雀を驚かせたと難癖《なんくせ》をつけては、庶民から金をせびりとったりした。だから鳥見の評判はすこぶる悪かった。

また、先に述べたように、鳥見は一日十羽の雀捕獲がノルマだったが、それ以上の収穫があったときは、雀を他藩へ売りつけて、自分の懐へおさめていたといわれる。このように鳥見はとてもおいしい役職だったのである。

いっぽうでおいしくなかったのが、甲府勤番への配置替えであった。

甲府勤番は享保九年（一七二四）に創設された。この年、甲府城主の柳沢吉里《よしさと》が大和国郡山へ転封となり、甲府を中心に甲斐国は幕領（幕府の直轄地）になった。そのためここを管理・支配する職が必要になったのである。こうして甲府勤番という組織が誕生したのだ。勤番支配（定員二名）を頂点に、組頭（定員二名）、勤番士（定員百名）、与力（定員十名）、同心（定員五十名）で構成された。

幕臣（旗本・御家人）は物価が高い江戸に住んでいたが、そのうち百数十人を甲府勤番として物価の安い地方に飛ばせたので、幕府の経費節減対策にもなった。

江戸時代、甲斐国は難治の国とされた。米倉騒動、太桝《ふとます》騒動、郡内《ぐんない》騒動とたびたび農民たちが一揆を起こしている。郡内騒動のさいには、数千の農民が甲府城に襲来、甲府勤番は他藩に助けを求めてどうにか農民たちを鎮撫《ちんぶ》した。そのうえ荒々しい博徒たちが、農村に暗然たる力を持っていた。

土地も山がちで痩せていて、華のお江戸から百キロ以上も隔たっている。しかも一度、甲府勤番士に任命されたら、家族を伴って移住しなければならず、二度と江戸へ戻ってこられない。そんな訳で幕臣は誰もが甲府への赴任を嫌がるので、代わりの者がいないのだ。

だから、幕府から甲府勤番への打診を受けた幕臣は、あらゆるツテをたどって幕閣に嘆願運動を展開する。病気や老父母の世話などを理由にして、なんとしても甲府行きを免《まぬか》れようとした。そんなことから、同地へ配属される幕臣は、江戸で役職をもたない、あるいは失脚したり失態を犯した人間ばかりになってしまった。甲府勤番士になった者の中には、悲嘆のあまり自殺したり精神を病んだりする者が少なくなかったというからなんとも恐ろしい役職である。

黒鍬《くろくわ》とは、土を掘る頑強な鉄鍬を意味するが、やがてそれが転じて、そんな鉄の鍬を担いで土木工事に従事する人間をさすようになった。

それにしても黒鍬とは、ずいぶん奇妙な名前である。もともと黒鍬と呼ばれる人びとは、各地の戦国大名に雇われ、土塁や道路普請《ふしん》をおこなっていた。徳川家康は幕府を創設するさい、戦国時代から抱えていた黒鍬たちを職制に組み込み、彼らに江戸城内の土木・清掃事業を担当させた。はじめ百数十名であった黒鍬は、幕末には五百名に増えている。ただ、彼らの身分は低く、当初は苗字は許されず俸禄も微細であった。

また、江戸城の殿中には、頭を剃《そ》った男たちがぞろぞろいた。こうした者たちの多くは、お城坊主（御坊主衆）である。これも、立派な幕府の役人であった。中でも御《お》表坊主《おもてぼうず》は、殿中での将軍や諸大名たちのお世話係がその仕事の中心で、大名たちの着替えから、食事の世話、刀の上げ下げ、部屋への案内などを丁寧にしてくれる。

お城坊主は、同朋《どうぼう》と坊主の二種類に大別でき、同朋のほうが室町幕府の頃から存在する職で、坊主に比べてその地位は高かった。

殿中は、原則として大名以外は入れないので、どんな大々名でもお城坊主の世話にならざるを得なかった。そんなわけで、大名にはそれぞれ、懇意にしているお城坊主がかならずおり、彼らがきちんと世話をしてくれなければ困るので、日頃から大切に扱った。

とくに、将軍の側にひかえるお城坊主と仲よくしておくと、何かと好都合だった。絶対に手に入らない極秘情報も手にすることができるからだ。逆にお城坊主の心証を悪くしてしまうと大変である。将軍に悪口を吹き込まれてしまう可能性もある。そんなわけで大名は、お城坊主にかなり気をつかった。正月には、お城坊主は懇意にしている大名のもとに年始に出向いたが、このとき、さまざまなご馳走が供され、莫大な祝儀が与えられたという。

いっぽう、お城坊主は、数名の大名を掛け持ちするのが普通であったが、このさい、その大名から拝領した羽織を着用する習慣があったので、掛け持ちしていると、ときには数人いっぺんに重なってしまうことがあり、羽織の着替えに、てんてこ舞いだったと伝えられる。

「藩」という言葉は、江戸時代には存在していなかった！

最近、ＮＨＫ時代劇の時代考証を担当することが増えた。時代小説を原作に脚本家が書いた台本をチェックするのが主な仕事だ。時代背景が間違っていないか、当時としてあり得ないような場面設定がないかなどを文献や研究書などを片手に調べていく。中でも、一番大変な作業が、言葉遣いの確認である。

たとえば江戸時代のドラマなら、この時代に使われていなかった言葉をすべて拾い上げていく。そして、それらを江戸時代に使われており、なおかつ、いまの視聴者が耳にしても理解できる言葉に言い換えてあげるのである。この変換作業が一番の労力を要する。

とはいえ、すべてを入れ換えることは不可能である。たとえば、家臣が殿様に自分の意見を書面で述べることを台本では「建白《けんぱく》」と表記してあった。だが、この言葉の使い方は正しくない。なぜなら「建白」は明治初年になってから本格的に使われはじめた語句だからだ。とはいえ、当時使われていた「上書《じょうしょ》」という言葉だと、現代人には通じないだろう。

同じように「財政」という言葉、これも明治時代になってから用いられた語だ。とはいえ、江戸時代の「勝手向き」などと言っても、わかってもらえない。そんなときは、あえて誤りだと知りながら「建白」や「財政」という言葉を侍にしゃべらせるしかない。

このように時代考証はけっこう骨が折れる仕事なのだ。ちなみにこの仕事をして気づいたのが、脚本家たちが当たり前のように台本に書き込んでくる語句があるということだ。その代表が、「〜藩」、「藩士」、「藩邸」というワードだ。

おそらく読者諸氏も、「藩」という用語は、江戸時代に広く使われていたと考えているだろう。なぜなら、ふつうに教科書にも登場してくるからだ。たとえば中学校の教科書を見ると「幕藩体制の始まり」(『社会科　中学生の歴史』帝国書院)、「幕藩体制の確立と鎖国」(『中学社会　歴史〜未来をひらく』教育出版)といったように、項目の一つになっている。

ちなみにこの「幕藩体制」という言葉だが、幕とは将軍を頂点とする中央政権である江戸幕府のこと。そして藩とは、藩主を頂点とする地方政権をさしている。この将軍と藩主（大名）は主従関係で結ばれ、ともに強い領主権を持って土地と領民を支配する。このシステムを幕藩体制と呼ぶのである。

しかし、江戸時代の人びとは「藩」という語を基本的に使っていないのである。これについて明記している高校日本史の教科書もある。たとえば三省堂の『日本史B』には「当時、藩という呼称はなく、国や城下町の名、藩主の姓などでよんだ」とある。だから「長州藩」とか「土佐藩」という名称を江戸時代に人びとにいっても、その意味は理解できなかったはず。そもそも藩という語は中国由来の言葉だ。古代中国の諸侯たちが、自分の領国を藩屏《はんぺい》と称したのが始まりで、日本でも江戸時代の半ばあたりから一部の学者が使うようになったものの、一般にはまったく広がっていかなかった。

では、いつから「藩」という語を当たり前に使うようになったのか。

じつは、明治政府が幕府から没収した土地である府や県と区別するため、大名の領地とその支配機構を「藩」と公称して以後のことなのだ。つまり明治時代になってから一般に広がり、あたかも江戸時代から使われていたように定着してしまったのである。

もちろん、「藩主」、「藩士」、「藩邸」などといった言葉も使われていない。時代劇に出てくる「拙者《せっしゃ》は水戸藩の者でござる」なんてセリフは大ウソなのだ。

さらにいえば、「鎖国」という語も、江戸時代はほとんど使われていない。これも高校日本史の教科書『詳説日本史B』（山川出版社）には、「ドイツ人医師ケンペルはその著書『日本誌』で、日本は長崎を通してオランダとのみ交渉をもち、閉ざされた状態であることを指摘した。１８０１（享和元）年『日本誌』を和訳した元オランダ通詞志筑忠雄《しづきただお》は、この閉ざされた状態を〝鎖国〟と訳した。鎖国という語は、以後、今日まで用いられることになった」とある。つまり、江戸時代後期になって誕生した言葉なのだ。

もう一つ紹介しよう。『日本史B』（実教出版）には「幕府の直轄領は俗に天領といわれるが、これは明治時代以後に一般的に使われるようになった語である。江戸時代には、御料といわれることが多かった」と記されている。

このように、江戸時代に当然存在したと思っている言葉が、じつは当時、使われていなかったというケースは少なくないのである。

江戸時代にも存在した上皇と女性天皇

二〇一九年四月三十日、天皇陛下が退位された。天皇の生前退位は、およそ二百年ぶりのことである。なお、「天皇の退位等に関する皇室典範特例法」に基づき、引退した天皇を「上皇」と呼ぶことになった。もちろん、日本史で習う上皇とはまったく違う存在なのだが、やはりその語を耳にすると、およそ九百年以上前に上皇が政治の実権を握った院政を思い浮かべてしまう。ただ、この形態は平安時代に終わったわけではない。じつは朝廷における院政は、断続的ながら、なんと江戸時代まで続いてきたのである。

とくに長いあいだ院政をしいたのが霊元《れいげん》上皇だった。寛文三年（一六六三）、霊元天皇はわずか十歳で即位した。このとき父親の後水尾《ごみずのお》法皇は、天皇の年寄衆（側近）に九カ条の「禁裏御所御定目《きんりごしょおさだめ》」を発し、「霊元天皇が朝廷の伝統を守り、神仏を敬し、熟慮できる帝王にふさわしい人物になるようにせよ。そのため学問に専念させ、妨げになる流行の遊興やくだらぬ噂話を教えてはならぬ」と命じた。というのは当時、天皇をとりまく少年公家たちに素行のよくない輩《やから》が多かったからだ。実際、寛文十一年（一六七一）の花見の宴では、霊元天皇が彼らと泥酔するという失態を演じている。

成人し、後水尾法皇から権力を移譲された霊元天皇は、朝廷で強い政治力を見せるようになった。延宝七年（一六七九）には、禁裏小番（公家の参勤や宿直）をサボったという理由で、鷲尾隆尹《わしのおたかただ》らを閉門にするなど厳しい処置をとっている。天皇の政務を代行する関白を軽視し、自身で強引に事を決めることも多かった。

小倉実起《おぐらさねおき》の娘との間に生まれた一宮が朝廷内で皇太子に内定、すでに幕府の内諾を得ていた。ところが霊元天皇は、一宮を寺（大覚寺）に入れ、五宮（朝仁《あさひと》親王）を後継者に定めたのである。これに外戚の小倉実起らが反発すると、なんと、彼を佐渡へ流罪にしてしまったのだ。

三十代になると霊元天皇は、朝廷の帝という束縛された立場から脱し、上皇として自由な立場で朝廷を動かそうと、たびたび幕府に対して譲位の意向を告げるようになった。

けれど幕府はなかなかこれを許そうとせず、ようやく貞享四年（一六八七）になって、皇太子である朝仁親王（東山天皇）への譲位が認められた。ただ、このとき幕府は霊元天皇に警戒の念を抱き、「大きなこと以外、朝廷の政治には口出ししないように」と求めた。はなから霊元の院政を抑制しようというわけだ。

幕府としては、あくまで天皇と政務代行者である関白のラインを基本にすえ、武家《ぶけ》伝奏《でんそう》（幕府と朝廷の連絡調整役の公家）を介して朝廷を管理・統制しようと考えていた。いっぽう霊元天皇は、かつての院政時代のように、自分が上皇として朝廷の頂点に立ち、権力を掌握したいと思っていた。

東山天皇が十七歳になった元禄四年（一六九一）、霊元上皇は政治権力の全面委譲を迫られた。霊元本人も同じ年頃に父の後水尾から権力を与えられたので、前例としておかしなことではなかった。もちろんこれは、幕府も了承済みだった。

だが、何を思ったのか霊元上皇は、同年、関白や武家伝奏らに対し、「天皇に忠誠を尽くし、朝廷のため命をなげうって忠勤せよ。個人的に武士と親しくしたり、へつらったりしてはならない」と記した誓紙に血判させたのである。関白に対して血判を要求するなど前代未聞のことだった。前年、幕府の意向により、霊元上皇と仲の悪かった近衛基熙《このえもとひろ》が関白になったことに不安を感じたのかもしれない。

仰天した貴族たちは、霊元上皇の力を抑え込もうと決意、前関白であった一条冬経《いちじょうふゆつね》が霊元上皇に対し、「あなたはよく物忘れをするので、今後の政務は関白らがおこないますので、どうか関与しないでいただきたい」と釘を刺したのだ。また、幕府もついに元禄六年、霊元上皇を間接的に叱責したので、以後、霊元上皇は公然とは政務に口を出せなくなった。とはいえ、それからも陰ではいろいろと介入し、暗然たる力を握り続けたのである。

霊元上皇がもっとも力を入れたのは朝儀の再興であった。石清水八幡宮放生会《ほうじょうえ》、皇太子冊立《さくりつ》の儀、大嘗祭《だいじょうさい》、賀茂祭などがこの時期に復活している。

とくに大嘗祭の復活は特筆に値する。大嘗祭とは、天皇が即位したのち最初におこなう新嘗祭《にいなめさい》のことだ。新嘗祭とは収穫した穀物を神に供《そな》える儀式。具体的には、天皇が神様たちと神饌《しんせん》（お供え物）を食する儀式と公家たちとの饗宴で構成される。奈良、平安、鎌倉時代と脈々と継続してきたが、室町時代になると衰退し、文正元年（一四六六）の後土御門《ごつちみかど》天皇を最後に中断していた。それを霊元上皇は東山天皇の即位にさいし、二百二十年ぶりに復活させたのだ。

ただ、中断期間が長すぎて失われた所作や過程も多く、さらに「御禊行幸《ごけいぎょうこう》」のように幕府の財政事情で復活が認められなかった行事もあり、かなり簡略化されてしまった。このため、霊元上皇の兄である尭恕法親王《ぎょうじょほっしんのう》や近衛基熙などは大嘗祭の復活を批判。次の中御門《なかみかど》天皇のときは大嘗祭は執行されなかった。

霊元上皇の子・東山天皇は温厚な人柄で、関白の近衛基熙と霊元上皇の力を抑えつつ、幕府と協調して政務を執《と》った。幕府も朝廷の禁裏御料を増やしたり、陵墓の修復費を拠出するなど盛んに経済的支援をおこない、幕朝関係は安定した。だが宝永六年

（一七〇九）、東山天皇は病弱のために三十歳で譲位、子の慶仁《やすひと》親王が即位して中御門天皇となった。天皇はまだ九歳。本来なら東山上皇が院政をしくはずだったが、残念ながらそれから半年後、東上は病歿してしまった。このため、再び霊元上皇が朝廷の実権を握ることになったのである。

霊元上皇は出家して法皇になったが、幕府は幼い七代将軍の名を霊元法皇に「家継」と付けてもらったり、霊元法皇の娘・八十宮《やそのみや》を将軍・家継の正室にするなど、終始へりくだった態度を見せた。将軍が幼君だったので、朝廷の権威を利用しようとしたのだろう。このため霊元法皇は朝廷での権力を維持し続け、享保十七年（一七三二）に七十九歳で崩御《ほうぎょ》した。いかがであろう。じつはこのように、江戸時代にも上皇による院政がおこなわれていたのである。

ところで近年は、男性皇族が少なくなり、女性天皇が話題にのぼることが多い。江戸時代の天皇は、第百七代後陽成《ごようぜい》天皇から第百二十二代明治天皇までいるが、うち二人が女帝である。明正《めいしょう》天皇と後桜町天皇だ。しかも最初の女帝・明正天皇は、徳川家の血筋を引いている。明正天皇の生母は後水尾天皇の皇后和子《まさこ》だが、彼女は二代将軍・徳川秀忠と江（崇源院）の娘。つまり明正天皇の曽祖父は徳川家康なのだ。さらに祖母の江は、織田信長の妹であるお市の娘なので、織田家の血筋も引いている。

まさに血筋的にはサラブレッドといえる。でもなぜこの時期に女帝が約八百六十年ぶりに復活したのだろうか。

それは、父の後水尾天皇が強引に明正（興子《おきこ》内親王）に位を譲ったからである。後水尾天皇ははじめ、皇后和子との間に生まれた高仁《すけひと》親王に譲位するつもりだったが、残念ながら高仁は三歳で歿してしまった。とはいえ、寛永六年（一六二九）の明正天皇への譲位はあまりに唐突だった。幕府や皇后に何の相談もなく、いきなり譲位したのだ。

これは、後水尾天皇と幕府との確執が原因だったといわれる。幕府は禁中並公《きんちゅうならびにく》家《げ》諸法度《しょはっと》を出して朝廷や天皇を強く統制。さらに法令に反して後水尾天皇が高僧に紫《し》衣《え》着用の勅許を出し続けたところ、幕府はこれらの勅許を無効とし、さらに、反発した大徳寺の沢庵らを配流したのである（紫衣事件）。つまり後水尾天皇の明正天皇への譲位は、こうした幕府に対する意趣返しだったと思われる。

また、これは、皇室から徳川家の血筋を排除するための、後水尾天皇の遠謀だったという説もある。古代の女性天皇は、在位中は全員が独身だった。夫を亡くしてから即位した人も複数いるが、即位後は独身を通した。つまり慣例に従えば、明正天皇は結婚もできず子孫をつくれない。

なお明正天皇は、後水尾上皇に皇子が生まれるまでの中継ぎとされ、即位から四年後、父の後水尾が水公卿・園基任《そのもとただ》の娘光子との間に紹仁《つぐひと》親王をもうけると、寛永二十年（一六四三）に紹仁に譲位した（後光明天皇）。明正天皇は七歳で即位し、二十一歳で退位したので、朝廷で政治力を持つことはできず、上皇として院政をしいていた後水尾が権力を握っていた。ちなみに退位後、明正上皇は独身のまま七十四歳まで生きた。

明正天皇とは異なり、後桜町天皇は余儀なく即位せざるを得なくなった女性皇族である。

四代にわたって二十代～三十代半ばで崩御する天皇が続き、異母弟の桃園天皇も在位中にわずか二十二歳で死んでしまった。桃園天皇の長男の英仁《ひでひと》親王はまだ五歳だった。せめて十歳にならないと、天皇の役目は務まらないと判断した関白の近衛内前《うちさき》は、幕府と相談したうえで、桃園天皇の姉にあたる二十三歳の緋宮《あけのみや》を即位させたのである。約百二十年ぶりの女帝である。ただ、九年後に英仁親王が成長すると譲位している（後桃園天皇）。このように江戸時代の女帝は、あくまで中継ぎだったことがわかるだろう。

4章　誰かに話したくなる江戸の娯楽と習慣

江戸時代の人びとの意外で多様な食生活

戦国時代が終わって平和な江戸時代に入ると、人びとの食生活も次第に向上していった。もちろん、身分や地域、時代によって食べていたものは大きく異なったが、一日三回食事をするという風習が完全に定着したのも江戸時代からだといわれる。

当時の主食はもちろん米だが、白米を存分に食《しょく》せたのは豊かな公家や武士ぐらい。一般農民は、米に豆や麦、粟《あわ》や稗《ひえ》などの雑穀を混ぜ、雑炊や粥《かゆ》にして食べていた。ただ、江戸中期になると、城下町など都市に住む町人たちのあいだでは、白米が常食になっていく。ただ、朝は味噌汁に漬け物のみ、昼はそれに野菜の煮物や揚げ豆腐、干し魚、ひじきなどがつく程度、それでも夕食よりも豪華だった。しかもそのパターンは正月や特別な日以外、一生のあいだ変わることはなかった。よく飽きなかったものだ。このような食生活は武家もさして違いはなく、江戸時代は現代とくらべると粗食だった。

とはいえ、政権の頂点に立つ幕府の将軍は、さぞかし贅沢な食事をしていたはず。そう思うのは、大きな誤りである。なんと将軍の朝食は一汁二菜なのだ。蒸飯におかず二品と汁物だけ。二品のおかずは煮物と魚料理。しかも魚は鱚《きす》と決まっていた。

という。

「さかなへん」に「よろこぶ」と書き、縁起がいいという理由だけで毎日これが出た

将軍の食事は、本丸御殿の御膳所で若年寄配下の膳奉行が統轄して調理がなされた。一度に十人前をつくり、将軍のもとに運ばれるまで何回も毒味がおこなわれた。将軍は通常、本丸御殿の中奥（将軍の日常生活の場）で、小姓二人とともに同じ部屋で食事をとった。朝食はなぜか結髪《ゆいがみ》しながら食べるのが慣例だった。これでは将軍も落ち着いて食べていられまい。

昼食は一品だけ自由に注文でき、夜は好きなものを食べることができたが、献立に入れてはいけない素材が多すぎた。野菜ではねぎ、にんにく、わかめ、にら、らっきょうなど。海産物ではさんま、いわし、まぐろ、ふぐ、あさり、牡蠣、赤貝など。果物ではうり、もも、りんごは御法度《ごはっと》だった。なぜか天ぷらと納豆もタブーだった。これでは栄養が偏《かたよ》ってしまう。将軍に病弱や早死にが多いのは、こうした制限の多い食生活のせいかもしれない。

徳川家の粗食は、家康以来の方針だった。家康は麦飯などを好み、季節外れの食べ物（初物など）や冷たいものを嫌った。

ただ、大名の食生活についても、残った史料を管見する限り、かなり地味なものだ

った。

おそらくもっとも豪華な食事が出たのは、遊郭かもしれない。浮世草子を書いた井原西鶴が元禄時代（十七世紀末〜十八世紀初）に客に出す朝食メニューをあげている。白粥に柚《ゆず》味噌、酒麩《さかふ》、そして牡蠣の吸い物、メインとして鴨の板焼きが供されている。贅沢《ぜいたく》な朝飯だ。

ただ、当初は質素だった食生活も十九世紀に入ると豊かになっていく。江戸っ子などは初物に執着し、高額な出費を厭《いと》わず、誰よりも早く旬の物を食することを自慢したがった。とくに初鰹《はつがつお》は有名だろう。たとえば文化九年（一八一二）三月、その年初めて日本橋魚河岸《うおがし》（魚市場）に十七匹のかつおが入荷したとき、うち一本を歌舞伎役者の中村歌右衛門が三両で買っている。現在の金額に換算するのは難しいが、江戸時代の後半なので一両五万円ほどと考えるとおそらく十五万円程度の価値はあると思う。

「まったく馬鹿げている」と言い切れないのは、こうした初物は、いまも日本人が大好きだからだ。たとえば初競りでのまぐろの値段が毎年話題になるのが、そのよい例だろう。数年前「すしざんまい」の社長が二、三億円で青森・大間のまぐろを落札していたが、江戸時代も初物を高値で買うのは料理屋が多かった。有名なのは浅草の八百善《やおぜん》だ。歌右衛門が初鰹を高値で買ったとき、やはり三本を二両一分で買い取っている。

この八百善、浅草に店を構える超高級料理店で、『寛天見聞記』によれば、なんとお茶漬け一杯が極上で一両二分もしたという。現在の値段にすれば五万円以上にはなる。あるとき金持ちの文人墨客たちがこの品を注文したところ、なんと半日も待たされてようやく料理が出てきたという。時間がかかったのにはワケがある。まず、お茶漬けの香物としてうりとなすの粕漬けを切りまぜにしたものが供された。ありふれたお新香だが、このときは春。まだうりやなすは収穫できない季節なのだ。そう、つまり初物であった。江戸っ子は、かつお以外にも初物を好み、野菜の促進栽培がおこなわれていたのである。いうまでもなく、値段は高価。さらに、わざわざ早飛脚を頼んで玉川までおいしい水を汲《く》みに行かせていたのである。茶漬けに使用するお茶は玉露だった。

ちなみに江戸時代以前、日本人にはこうした料理屋で外食する習慣はなかった。しかし江戸初期に京都や大坂などに外食店が登場する。京都では祇園で豆腐田楽を食べさせる店が、大坂では「浮瀬《うかむせ》」という料亭が話題を集めた。ただ、江戸の町では上方に比べ外食産業の発達は遅れた。

最初の外食店は、金龍山浅草寺の近くで奈良茶飯を売る店だったという。奈良茶飯は興福寺など奈良の寺院が発祥とされ、正確なレシピは不明だが、米に大豆や栗、粟などを入れ、塩で味付けをしてお茶で炊《た》いた、いわゆる炊き込みご飯だったらしい。明暦の大火（明暦三年・一六五七）で江戸の市街地はほとんど焼失した。焼け出された人は真冬だったので悲惨な状態に陥《おちい》ったが、浅草寺の門前で温かい奈良茶飯を出す店が現れ大繁盛した。これを目にした人びとが品川や目黒などで同様の店を営むようになったのが発祥だ。

外食の代表である居酒屋の登場も江戸時代前後のことだとされる。初期の居酒屋は単なる酒屋で、大徳利を持って酒を買いにくる飲んべえが、待ちきれずにその場で酒を飲みはじめてしまう。そこで、彼らのために長床几《しょうぎ》や樽などを置いて席をつくり、塩や味噌などをつまみに出してやった。これが居酒屋の始まりだ。本格的な居酒屋は、神田の鎌倉河岸の豊島屋が最初らしい。安くてうまい田楽を肴《さかな》に出すので人気になった。客の多くは馬方や駕籠《かご》かきなどの肉体労働者だったという。十八世紀末には魚や野菜を煮て食べさせてくれる居酒屋が現れ、普通の飯屋でも酒を飲ませるようになる。

さて、一時下火になったが、最近またテレビで見かけるようになったのが大食い競争だ。ギャル曽根さんやもえのあずきさんなど、こうした大会で有名になったタレントも多い。じつは江戸時代も各地で大食いや大酒競争が開かれていた。『元禄世間咄《ばなし》風聞集』（長谷川強校注　岩波文庫）は、元禄時代に当時の噂話などを集めたものだ。その中に、大食い競争の話が登場する。

家康の寵臣である秋元泰朝《あきもとやすもと》に仕え、日光東照宮造営の総奉行を務めた庄田小左衛門（安照）は、大食いとして知られた武士だった。ごはん六杯でうなぎの蒲焼きを八十切れ食べるほどだった。この噂を知っていたのだろう、東照宮造営のために日光山に来た小左衛門に、一応という僧侶が「少左（衛）門様大食と承《うけたまわり》候《そうら》得《え》共《ども》、そば切は喰まけ申《もうす》間《ま》敷《じく》」（前掲書）と、そば食い競争を挑んできたのである。そこで主君秋元泰朝の面前で、競争が始まった。

だが二人とも底なしの胃袋で、何杯食べてもなかなか決着がつかない。そこで庄田のほうから、「此分《このぶん》にてはたがいに相知れ不申《もうさず》候間、食《めし》つぎに直《じき》に汁をかけ可参《まいるべし》」と提案したのである。つまり、このままでは決着がつかないから、米びつの米に味噌汁をかけて競争をしようといったのだ。さすがにこれを聞いた一応は、驚いて逃げてしまった。ところが庄田は、この大食い競争のあと、なんと飯を五十杯も平らげ、帰宅したあとも自宅で茶漬けを食べたという。

こうした大食いの噂は将軍・徳川家光の耳にまで入り、興味を持った家光は小左衛門本人を招き、大量の柿と砂糖を与えたのである。このおり信じられないことに小左衛門は、柿百個と砂糖十斤（六キロ）を平らげたのである。しかも柿の種まで平然と食べていたので、「種はやめておきなさい」と家光が心配するほどだった。まさに底なしの胃袋だ。

時代は百七、八十年くだるが、文化十四年（一八一七）に江戸の両国柳橋の料亭「万八楼《まんぱちろう》」で「大食之会」が実施された。とくにずば抜けた者について『視聴草《みききぐさ》』（幕臣の宮崎成身《せいしん》が三十年間にわたって書いた雑記）が書きとめているが、その大食ぶりは衝撃でさえある。いくつか紹介しよう。

まずは「飯連（飯の部）」は、三河島に住む三左衛門（四十一歳）が六十八杯を食べ尽くしたが、七十三歳という高齢にもかかわらず、浅草に住む和泉屋吉蔵も唐辛子五把をおかずに五十四杯の飯を平らげている。「そば組（そばの部）」では、「二八中盛上そば」を池之端仲町に住む山口屋吉兵衛（三十八歳）が六十三杯を平らげたのが一番多い。

ユニークなのは「菓子組（菓子の部）」だろう。食べる種類は決まっておらず、それぞれが好きなものを食べたらしい。

記録を見ると、神田に住む丸屋勘右衛門（五十六歳）は、まんじゅう五十個、ようかん七棹《さお》、薄皮餅三十個をお茶十九杯とともに平らげた。ようかん七切れではなく、七棹（本）というから驚きだ。八丁堀の伊予屋清兵衛も六十五歳という高齢ながら、スゴい記録を達成している。たくあん五本をかじりながら、まんじゅう三十個、うぐいす餅八十個、さらに松風せんべい（八つ橋のような薄いクッキー）三十枚を食べきっている。酒の部では、芝口に住む鯉屋《こいや》利兵衛（三十八歳）が三升入る大盃で六杯半飲んでいる。十九升半、すなわち三十五リットルだ。普通の人間なら確実に死ぬだろう。

　いずれにせよ江戸時代も、現代同様、飽食の時代だったのである。

いまに通じる江戸時代の食文化――天ぷら、すし、そば

　粗食をモットーとした徳川家康だが、そんな彼の死因は胡麻《ごま》の油であげた鯛《たい》の天ぷらによる食中毒だったといわれている。天ぷらは当時、珍しい贅沢な南蛮料理だったので、ついつい過食したといわれている（実際は胃がんの可能性大）。

　だが、すでに日本では古来から食材に米粉をつけてあげる料理は存在していた。だから、本当に天ぷらが南蛮渡来なのかは少々疑問ではある。

　天ぷらは江戸時代後期になると、人びとに広く食されるようになった。ただ、家庭料理ではなく、主に屋台での立ち食いだった。とくに江戸前の魚が日本橋魚河岸から

簡単に手に入ったので、江戸っ子には大人気だった。

当時の天ぷらは串に差して大皿に盛られ、屋台の端には丼に入った天つゆや大根おろしが山盛りになっていた。だからやってきた客は、好みの天ぷらを自由に手に取りつゆにつけて食べ、串の数だけ代金を払って去っていった。そういった意味では現在の「串かつ」に近い。

ただ、安価だった天ぷらは、幕末になると高級化がすすんでいく。「金ぷら」「銀ぷら」という料理が登場してくるのだ。「金ぷら」というのは、当時はまだ贅沢な卵黄を衣にしてあげたもの。「銀ぷら」は卵白だけで揚げたものである。

すしといえば、やはり江戸前のにぎりずしを思い浮かべる人が多いだろう。でもじつは、奈良時代から「すし」という名称はあった。しかし、私たちがイメージするにぎりずしとはかけ離れたものだった。長期間、飯をぬか床のようにしてつけ込んだ食材、それが古代のすしだったのである。もちろんドロドロになって発酵した飯は食べないし、食べようとしても、ひどい味でとても食べることはできない。

しかし江戸時代になると、鮎《あゆ》の腹に飯を詰めて発酵させた「生なれずし」が京都で流行する。また、物相《もっそう》（円筒形の曲げもの）に飯を盛り、干し魚などを敷きつめて押した「飯《い》ずし」が登場する。

さらに江戸中期になると、箱に飯と酢と塩を入れて魚介類をのせ、上から重石《おもし》をして数日間で食べるようになる。これを「早ずし」といったが、にぎりずしは、まだ登場しない。

画期的なにぎりずしを発明したのは、両国回向院《えこう》前に店をかまえた華屋《はなや》与兵衛だといわれている。文政七年（一八二四）のことである。だが、おそらく与兵衛以前に考案した人はいたはずで、この形式をきちんと確立したのが与兵衛だったということなのだろう。

いずれにせよ、せっかちな江戸っ子のため、江戸前の海で採れた新鮮な魚（刺身）を、酢飯をにぎった上にのせて即座に食べるレシピが誕生したのである。飯に酢を入れるのは、食品の腐敗防止にくわえ、「なれずし」のように乳酸発酵した酸味を再現するためだと思われる。巻きずしや稲荷ずしもこの頃に登場してくる。

すしもやはり、屋台で食べるのが一般的だった。ただ、客は一つか二つだけすしをほおばり、茶で喉に流し込んですぐに立ち去った。というのは、この時期のにぎりずしは、いまのおにぎりほどの大きさだったからだ。その後なぜ小さくなったのかについては、諸説あってよくわからない。

ファストフードなので、屋台では長居しないから酒も出さなかった。ちなみに人気のすしネタは当初はかつおだった。いっぽう、まぐろは腐るほど採れたので下魚《げざかな》といい、はじめはバカにして江戸っ子はあまり食べなかった。が、やがてほかの魚を圧倒し、にぎりずしの王様となっていく。ただし脂《あぶら》っこいトロは敬遠され、さっぱりした赤身が人気だった。

すし屋台の職人は一人なので、あらかじめ握ったすしをずらりと並べておき、客は食べたいものを取って口に運ぶシステムだった。冷蔵技術はなく生ものなので、傷まないようにネタは醤油につけておく「づけ」や酢〆にするのが一般的だった。

ちなみに、ネタにつける醤油は、日本の伝統的な調味料として世界的に有名だが、その発祥については諸説あり、確実なことはわからない。一説には、鎌倉時代に紀州の覚心という僧が宋（中国）の径山寺《きんざん》味噌の製法を学んで帰国した。味噌づくりのさい味噌樽の底に液体（溜《たまり》）が残るが、それを煮物の調味料に使うようになり、紀州湯浅地域に広まったという。

戦国時代に醤油（たまり醤油）は普及していき、江戸時代になると、京都の貴族たちのあいだで黒大豆を使用した紫色の醤油がブームになった。ただ、製造に三年もかかったので、人口の多い江戸の町では供給が不足した。そこでこの需要に応えるため、大豆と小麦を半々に投入し、圧搾《あっさく》法などの新技術を用いて一年でつくれる製法が開発された。これが「濃口しょうゆ」だ。

この「しょうゆ」は関東人に好まれ、関東近郊で水のおいしい地域、なおかつ、江戸市中への水上運送が便利な土地で盛んに製造されるようになる。とくに野田や銚子が名産地となった。江戸時代に交易していたオランダ人がこの味に目をつけ、「しょうゆ」をヨーロッパに輸出した。フランスのルイ十四世も「しょうゆ」を好んだという。

天ぷらやすしと並ぶ「そば」だが、これを食べさせる店が登場するのも江戸時代のことだ。とくに評判だったのが、江戸浅草の寺院「道光庵《どうこうあん》」だった。十八世紀半ば、住職が参拝者にそばを振る舞い評判となったという。いまでもそば屋に「〜庵」がつくのは、この道光庵が由来だという説もある。

「そば」ははじめ、小麦粉をまったく混ぜておらず、麺にしてもゆでると細かくちぎれてしまうので、人びとは蒸して食べていた。その後、小麦粉をつなぎに使用するようになり、ゆでるのが主流になった。

その食べ方だが、蒸籠《せいろ》に盛って汁につけた。いわゆる「もりそば」だ。しかし江戸中期以降、丼に入れたそばに汁をかけて食べる方法が登場。これを「ぶっかけ」、さらに「かけそば」と呼ぶようになった。江戸末期には鴨南蛮が登場、同じ頃、きつねそばが生まれたという。きつねの好物とされる「甘辛の油揚げ」が入っているそばだ。ちなみにたぬきそばは、大正時代になってから誕生したといわれている。

胎教の大切さを説いていた江戸時代

前項で見たとおり、江戸後期になると食生活が豊かになったわけだが、それでも平均寿命は三十代後半だったとされる。ただ、成人すれば五十歳以上生きるのが一般的だった。つまり、乳幼児の死亡率が異常に高いことが平均寿命を押し下げているのだ。そこでこれから、あまり語られることがない、江戸時代の妊娠や出産について紹介していこう。

近年は妊婦に向けて胎児に教える英語の教材が販売されているという。でも、まだ脳がしっかり形成される前に、果たして学習効果があるのかどうかはなはだ疑問だが、胎教《たいきょう》に熱心な親は少なくないようだ。こうした胎教という考え方は、明治時代になって西洋から入ってきたものとばかり思い込んでいた。だから吉田松陰が胎教の必要性を力説している手紙の一節を見つけたとき、大いに驚いた。

いうまでもなく松陰は、松下村塾を主催し、高杉晋作、久坂玄瑞、伊藤博文、山県有朋など、錚々《そうそう》たる幕末維新の偉人たちを育て上げた教育者である。そんな彼が、妹・千代へ安政元年（一八五四）十二月三日に宛てた手紙で、胎教の大切さを事細かに伝えているのだ。

かいつまんで、手紙を紹介しよう。

松陰は当時、密航の罪で獄中にあったが、妹がいろいろ世話をしてくれるので手紙で礼を述べたあと、当時四、五歳だった千代の子・万吉の育て方について教え諭《さと》している。現代語訳して紹介する。

「子どもは、賢いのも愚かなるのも、善きも悪《あ》しきも、すべて父母の教育によるのです。とりわけ男子は父の教えを受け、女子は母の教えを受けるのが一般的です。でも、十歳以下の子は、男女とも母から教育を受けることが多い。というのは、父親は威厳があり近づきがたいけれど、母には親しみを感じるからです。

また、父は常に外で仕事をしているが、母は家にいる。だから母親は子どもの賢愚善悪に大いに関係するので、子への教育をおろそかにしてはいけないよ。とはいえ、小さい子なので言葉による教育ではなく、正しいことを感じさせる教育をおこなうことが重要なのです」

このように、幼い子どもへの教育について、母の存在の大切さを語ったあと、いよいよ松陰は胎教について触れはじめる。

当時の体温を感じてほしいので、まずは松陰の書いた原文をそのまま紹介しよう。

「昔聖人の作法には胎教と申す事あり。子胎内《たいない》にやど（宿）れば、母は言語《ものいい》立居より給《たべ》ものなどに至るまで万事心を用ひ、正しからぬ事なき様にすれば、生るる子、なりすがたただ（姿正）しく、きりやう（器量）人に勝るとなり。

物しらぬ人の心にては、胎内に舎《やど》れるみき（見聞）きもせずものもいはぬものの、母が行《おこない》を正しくしたりとてなどか通ずべきと思ふべけれど、こは道理を知らぬゆゑ合《が》点《てん》ゆかぬなり。凡《およ》そ人は天地の正しき気を得て形を拵《こしら》へ、天地の正しき理を得て心を拵《こしら》へたるものなれば、正しきは、習はず教へずして自ら持得る道具なり。ゆゑに母の行《おこない》ただしければ、自らかん（感）ずること更にうたが（疑）ふべきあらず。是れを正を以て正しきを感ずると申すなり」（山口県教育委員会編『吉田松陰全集　第七巻』大和書房）

このように松陰は、妊娠したら女性はその行動や立ち振る舞いに気をつけ、正しいおこないを心掛ける必要がある。そうすれば生まれてくる子どもは立派な人となるというのだ。さらに、無知な者は、目も見えず耳も聞こえず、言葉も言えない胎児に対し、そんな胎教など効果はないだろうと思うかもしれないが、それは間違いなのだとも断言する。そして、正しさというものは、習ったり教わったりするものではなく、もともと人に備わっている道具なのだから、母のおこないが正しければ、それを感じて子どもも自ずから正しいおこないを身につけるようになるのだと説いている。

このように胎教の重要性を述べたあと、さらに松陰は次のように述べる。

「まして、この世に生まれ目も見え、耳も聞こえ、言葉もしゃべれる小児なら、正しいことは感じ取れるものです。正しいというのは人の生まれながらの性質だとはいえ、子どもは非常に賢いから、正しくないことはすぐにわかってしまう。だから母というのは、正しいおこないが大切なのです。氏《うじ》より育ちというが、このことをしっかり理解してください」

何とも妹思いの松陰である。

さて、この胎教という考え方だが、じつは古代中国の思想なのである。なんと漢の時代にまでさかのぼれることがわかっている。日本への伝来だが、平安時代に成立した最古の医学書『医心方《いしんぽう》』に妊婦の言動が胎児に影響すると記されているから、これ以前に入ってきたことがわかる。もちろん、その思想は江戸時代にも踏襲され、元禄時代に刊行された出産・育児の啓蒙書『いなご草』（稲生恒軒《いのうこうけん》著）は、七章のうちの一章を「胎教」という項目に割くほど重視しているのだ。

そこに記されている内容を意訳して紹介してみよう。

「人は教育によって人になる。ただ、すでに胎内にあるときから教育する必要がある。まだ生まれていないのに、いったいどういうことかと疑問に思うかもしれない。胎児は胎内にあっては母と一体である。母の心は、子の心にうつる。だから懐妊中に母親が邪《よこしま》な心を持たなければ、生まれる子もよい子になる。成長するにしたがい、行儀もよくなるはず。悪い子になるのは、妊娠中のおこないが悪いからだ。

だから妊娠がわかったら、慎《つつし》み深くし、一切悪い念を起こさず、出産のときを待て。これが胎教である。昔、周の文王の母は、このことをよく悟《さと》り、出産したので息子は偉人になったのである。平凡な家に生まれても、胎教に注意すれば、行く末はめでたいのだ」

読んでわかるとおり、吉田松陰の言説と重なる部分が多いことが理解できる。おそらく松陰は、『いなご草』のような先行文献を読んでいたのだろう。

なお『いなご草』は、

「妊婦は正しからぬものや他人の不作法を見てはいけない。絵や本もよいものを読むように心がけなさい。源氏物語の類《たぐい》は読んではいけない。好色な噂、くだらない話に耳を貸してはいけない」

と、妊婦の見聞きしたものすら胎児に影響するのだと主張するが、松陰と同時代の国学者・鈴木重胤《しげたね》が書いた『世継草』は、さらに極端なことを記している。

「妊婦が煙草を嫌い酒を好めば、その子どもも同じになる。妊婦が狸を食うと、狸のような毛の生えた子が生まれる。だから飲食や嗜好品《しこう》に注意し、あまり変わったものを食べてはいけない。また、火事を見ると、赤いあざがある子が生まれ、首つり死体を見ると、首に横筋がある子が生まれるので、妊婦は怪しいものを見てはいけない。怪物を見て、心が動くとき、胎内の子も影響を受けるものである。だから好んで鳥を捕る者は、雀のような目の子が生まれる。そんな子を産むのは親として不憫《ふびん》であろう」

さすがに、これは言いすぎだろうし、科学的に到底あり得ない。

ただ、これより百五十年近く前に成立した『婦人寿草《ふじんことぶきくさ》』（貝原益軒に学んだ医者・香月啓益《かつきけいえき》の著書）にもほぼ同様のことが記されているから、こうした俗説も中国から伝来したのであろう。なお、同書には、「女を転じて男となすの説」という一項目をもうけている。本来人間の性別は、受精の瞬間に決まってしまう。それでも生まれてくる子の性別を選びたいという親はおり、現在もその方法を開発しようとしているが、一〇〇パーセント確実な産み分けはできていない。

だが、この『婦人寿草』には、

「女性が妊娠して三カ月を過ぎないあいだは、まだ性別は決定していない。そこで夫が正装して井戸の周囲を三度めぐり、井戸に影を映して顧みなければ男児が生まれる。また、誰にも知られないように妊婦がいる床下に刃物の刃を下に向けて置くと男が生まれる。弓矢の弦《つる》を妊婦の腰にさげておくと、男の子が生まれる」

などと書かれている。

いずれにせよ、江戸時代の知識人は胎教の大切さを説くとともに、妊娠中の過ごし方によって、生まれる子の賢愚、容姿、さらには性別まで自由にできると信じていたのである。

江戸時代の大変な出産

令和六年（二〇二四）八月一日現在、日本の人口は一億二千三百八十五万人（総務省統計局概算値）。一年前よりなんと五十九万人も減ってしまっているのだ。原因はいうまでもなく少子高齢化。高齢者が死ぬのは人間の定めなので仕方ないけれど、問題は子どもが増えないことである。政府は子育て支援に取り組み、いろいろと旗を振っているのに、令和元年に生まれた子どもはたったの八十六万四千人。わずか五十年前には二百万人を超えていたのだから、その減り方のすさまじさには驚かざるを得ない。

将来への不安、子育てより楽しい娯楽の増加など、さまざまな要因が重なって、いまの日本は女性が子どもを産みたいという気持ちの持てない社会になってきているのだろう。

では、江戸時代の女性は、一生のあいだに何人ぐらいの子どもを産んだのだろうか。残念ながら、正確な統計は存在しない。ただ、当時の諸記録から類推すると、独身で一生を送る女性は少なく、結婚すると生涯に五人程度は子を産んでいたと思われる。しかし疱瘡《ほうそう》や腸炎、結核といった病気により、生まれた子の多くは幼くして死んでしまい、成人できるのは半分程度だったと考えられる。衛生状態も悪い当時のことだから、出産時の死産も多く、妊婦が亡くなってしまうケースも多々あった。

また、堕胎《だたい》や間引き（生まれてすぐ殺害）も多かった。避妊の技術が極めて不完全だったこともあり、夫婦生活を続けていれば、女性は何度も妊娠を繰り返すことになる。とはいえ、多くの子どもを育てる経済力がない夫婦もいるだろうから、彼らは堕胎薬や産婆の力を借りて生まれてくる子を葬《ほうむ》ってしまったのだ。ちなみに、堕胎薬の中の「朔日丸《ついたちがん》」は、避妊薬としての効果も信じられていた。女性が生理の一日目に飲むと妊娠しないとされた。ただ、かなりの劇薬が使われていたようで、これを飲み続けると一生妊娠しない体になってしまうともいわれていた。幕末になると「茎袋《きょうたい》」と呼ばれる動物の皮でつくったコンドームも西洋から伝わってきたが、使用例はほとんどなかったと思われる。遊女などは紙を丸めて膣に入れ妊娠を防いでいたというが、効果ははなはだ疑問であろう。

さて、いまでも出産は大変な一大事だが、当時は麻酔による無痛分娩や帝王切開などないので、難産になると、その痛みや苦しみは想像を絶するものがあったろう。

そこで今回は、現代とは大きく異なる、江戸時代の出産について紹介しよう思う。

いまでも妊婦の多くは妊娠五カ月目に入ると、最初の戌《いぬ》の日に腹帯（岩田帯とも呼ばれる晒《さら》し木綿）を巻く。じつはこれ、江戸時代どころか、奈良時代に成立した『古事記』にも登場する伝統的な儀式なのだ。しかも、ほかのアジア諸国にもない日本独自の風習なのだそうだ。では、なぜ妊娠五カ月目に腹帯を巻くようになったのかということだが、

「体が冷えないように保温のためとか、妊婦を外の衝撃から守るためとか、戌の日に巻くのは犬が安産だから、それにあやかるため。さらには、帯を巻くことで妊婦としての自覚を持たせる。人びとが妊婦だとわかるように」

など、諸説があるものの、残念ながら確実な由来や理由はわかっていない。

ちなみに東京近郊では、安産を祈願するため、戌の日に日本橋蛎殻町《かきがら》にある水天宮にお参りし、神社で祈願してもらったり腹帯を購入する人が多い。地下鉄半蔵門線の駅名にもなっているので、水天宮の名を知っている方も多いだろう。

もともと水天宮は、安徳天皇ら平家一門をお祀りする神社として久留米（現・福岡県久留米市）にあった。江戸時代になって、この地を支配するようになったのは有馬氏だが、第九代久留米藩主・頼徳《よりのり》のとき（文政元年・一八一八）、水難除災の神として藩の上屋敷（現・港区赤羽橋）内に水天宮を勧請《かんじょう》した。これを知った江戸っ子が参詣を願い、塀越しに賽銭《さいせん》を投げ込む庶民も続出したため、久留米藩では毎月五日に人びとの参拝を認めるようになったのだ。

その後、ある妊婦が社殿に使われた鈴の緒《お》をもらって腹帯としたところ、非常に安産だったことから、戌の日に水天宮から腹帯を授かり、妊娠五カ月目の戌の日に帯として巻けば必ず安産となるという信仰が広まったといわれる。

なお水天宮は明治五年、新政府が大名の藩邸を没収したので現在の地に移された。

じつは、同じように大名屋敷に勧請された神社を一般開放する藩は少なくなかった。たとえば丸亀藩の金刀比羅《ことひら》宮、西大平《にしおおひら》（現・愛知県岡崎市大平町）藩の豊川稲荷、仙台藩の鹽竈《しおがま》神社、柳川藩の太郎稲荷などがそうだ。開放することで賽銭の収入がかなり入ったからだろう。

さて、妊娠しているあいだ、体調を崩したり問題が発生したときは現在と同様、薬を服用した（といっても漢方薬だが……）。とくに多くの人びとが信じていた薬の処方箋は『中条流産科全書』に記されたものだった。

仙台藩士の中条帯刀《たてわき》が創始した産科術をその子孫や門弟が広めたのが中条流産科術である。そんな中条流のお産術を大坂の医者・戸田旭山《きょくざん》が体系的にまとめたのが『中条流産科全書』（宝暦元年・一七五一）だ。

ただ、その内容の多くは理にかなっておらず、かえって症状を悪化させる可能性があるものだった。

たとえば、「母、外の事なく、度々《たびたび》気をとり失う時は、子、母の喉へ手をつき入ると知るへし。此時《このとき》、煎湯の中へ藍《あい》の実、末して入るべし」とある。「妊婦がたびたび気を失うのは、胎児が母親の喉へ手を突き入れているからで、藍の実を粉にして煮詰めたお湯を飲みなさい」という意味だ。確かに藍の実は漢方薬にもなり、それを煎じて飲むと、解毒や止血、喉頭炎などに効果があるとされているが、とても失神に効果があるとは思えないし、そもそも胎児が母の喉に手を入れることはあり得ない。

また、『中条流産科全書』には「難産で苦しいときは、八升（一・八リットル×八倍）の水を熱く沸かし、鍬《くわ》を焼いてその湯に入れ、ぐつぐつと煮え立ったとき、鍬を引き上げ、その湯で『足の曲がり』（足首や膝裏のことか？）の下を洗うとよい」と記されている。

もちろん何の科学的根拠もない。この程度の処方箋なら笑って済ませられるが、「お産のときに下痢をしたら烏《からす》の卵を黒焼きにして酒に入れて飲め」とか「お産のとき、藍の実を子宮に塗ると難産にならない」ということが書かれており、そんなことを本当に実践したら、死なないまでも逆に症状が悪化してしまうだろう。

さて、いよいよ出産である。

それなりの資産を持つ家柄の妊婦は、陣痛がはじまると、産室と呼ばれる狭い部屋や小屋へ移され、産婆の助けを借りて出産するのが一般的であった。出産は穢《けが》れというう考え方が強く、日常の生活空間から遠ざけたのである。

驚くべきは、当時の出産体位であろう。座位なのだ。妊婦が用いる椅子を「椅褥《いじょく》」というが、そうした椅子や布団を重ねたものを敷いて壁に寄りかかるなどして、座ったままで子どもを産み落としたのである。

ただ、座位というのはすでに縄文時代の土偶や平安時代の絵巻物にも登場し、日本古来のスタイルだったことがわかっている。いきむときには天井から吊るした縄（泰産縄《にやすなわ》）にしがみついた。これも理にかなっている。ただ、むごいのは、いくら辛くても横臥できないことであった。たとえば先の『中条流産科全書』には、「産に向ひ身持様の、側へよりかかる事なかれ。胸腹痛むとて仰《あおむ》くなかれ、子返りせんとて痛むものなり」と書かれているのだ。

こうして、ようやく大変な出産を終えた。妊婦もようやく横になってゆっくり眠ることができる。そう思うのは、大きな間違いだ。『中条流産科全書』には、「物によりかからせ、足を少し屈《かが》め、少しつゝ睡《ねむ》らせ、多くねむらせず。酢をはなにぬり、振薬（泡立てた薬）に童便（赤子の大便）少しつゝ加へて用ゆる也」とある。なんと子どもを産んだそのあとも、妊婦は寄りかかりながらも座り続けなくてはならない。足を伸ばして寝てしまうと、頭に血がのぼって病気になると固く信じられていたからだ。しかも、あまり眠らないように、鼻に酢を塗りつけられ、赤ん坊の大便入りの薬を飲まされる。これでは、たまったものではない。

しかも残酷なことに、その苦行は数日間続いた。うっかり熟睡してしまうと、鬼に生まれたばかりの子の魂を奪われてしまうと信じる地域もあり、新生児を守るために母親が寝ずの番をしていなくてはならなかった。

そんなわけで親族の女性たちが代わるがわる出産した母親のもとに付き添い、大きな声でおしゃべりするなどして彼女を寝かせないように見張っていたという。まさに拷問《ごうもん》以外の何ものでもない。その後、睡眠がゆるされるようになっても、産後数週間は座る生活を強《し》いられたのである。江戸時代、妊婦の死亡率が高かった理由がよくわかるだろう。

江戸時代におこなわれた帝王切開

前項で江戸時代の出産に関して述べたが、さらにいえば、帝王切開が初めておこなわれたのは、ドイツのザクセン地方で一六一〇年にトラウトマンが実施したのが最初だといわれている（十六世紀フランスの外科医ギルベニューという説も）。しかしそれからわずか三十年後の寛永十八年（一六四一）、人吉《ひとよし》藩主となる相良頼喬《さがらよりたか》が帝王切開によって誕生したと伝えられている。母親の周光院は手術に耐えられず死んだというが、これが果たして史実かどうかは確かな当時の史料が残っていないため、何ともいえない。

江戸時代も後期になると、西洋の産科の知識が国内にも入ってくる。オランダ商館医として来日したシーボルトは、幕府の許可を得て文政七年（一八二四）に長崎郊外で鳴滝塾《なるたき》を開き、多くの弟子たちに乳がんなど最新の手術を見せたが、出産についても鉗子《かんし》を用いての分娩《ぶんべん》をおこなって人びとを驚かせている。

ちなみに、これより二十年以上前（文化二年・一八〇五）に、大坂の蘭方医・伏屋《ふせや》素狄《そてき》が『和蘭医話』で帝王切開の知識を紹介している。以下、紹介しよう。

「妊娠臨月に至りても、産の気つきても産出さず、手術もおよばず、そのままにておけば是非（必ず）死するのみなり。そのとき母の腹を截《き》りわり（開腹して）児を出し、その痕《あと》を縫あわせて、母を助け死せざらしむの術にて候。

しかるに西洋の昔はこの術、いま申すごとく、その母を救ひて児の生死は問はざりしに、近きころは母も児も両ながら（母子ともに）救ひ申さねば庸工《へた》なりと愧申《はじもうし》（失敗だと恥じる）候由《よし》。

その術まず利刀（メス）をもつて母の肚腹を截《き》り（開腹）、両辺にわけ、それより裏《うち》にある子宮を截る（切る）。このとき子宮皮内外神経にかからぬ（誤って神経を切らない）ように、また胎子のそれの処はそれに在るを熟察して（その中に胎児がいることに注意して）截り、児を活出し（生きたまま取り上げ）、その創痕をぬひて薬をつけ、また母の肚の断れし処を縫ひて創口に薬をつくる事にて、手術はなはだ精密敏《びん》捷《しょう》（正確ですばやい）ならざれば、施しがたき術なり。かくの如く母児ともに生活させ、はしめて良医と称すべきの由。この術、いまだ試みたる人もなきなり」

だが、それからおよそ五十年後、まだ誰も試したことのない帝王切開を試みた日本人医師が登場する。それが、伊古田《いこだ》純道《じゅんどう》である。

今回は、日本初の帝王切開について詳しく紹介しよう。

嘉永五年（一八五二）四月二十三日、大宮郷坂元村（現・埼玉県飯能市坂元）の農民・本橋常七の妻「み登《と》」三十三歳が産室で出産の準備に入った。しかし、難産でなかなか赤子が産まれない。そこで地元の産科医である岡部均平が呼ばれた。

均平が診察したところ、すでに胎児の左の手足と臍帯《さいたい》が外に脱出していた。しかも、もう胎児は死んでいた。このため回転術などを試して子宮から引き出そうとしてみるが、胎児の頭が大きくてどうしても分娩できない。そこでついに翌二十五日になって、均平は叔父にあたる医師の伊古田純道に助けを求めたのである。

伊古田純道は享和二年（一八〇二）に秩父の伊古田村（現・埼玉県秩父市）の名主の家に長男として生まれた。

幼いときから学問を好み、やがて医業を志すようになった。父親の治太夫は医者になることに反対した。しかし、祖父の賛成を得て、二十四歳の文政八年（一八二五）、武蔵国番匠村（現・埼玉県比企郡ときがわ町）にある如達堂に入門したのである。ここは、代々の医家である小室家が経営している秩父地域では有名な医学塾で、当時は元長《げんちょう》（三代目）・元貞（四代目）父子が運営していた。

三代目の元長は、甲斐の鶴田斎宮から賀川流産科術を学び、免許皆伝を得ている。賀川玄悦《げんえつ》を祖とする賀川流産科は、先に紹介した中条流とは異なり、臨床を重視する一派である。玄悦はほとんど独学によって産科術を獲得した人物であった。とくに自身で発明した鉄鉤《てつかぎ》（出産用の鉗子）を駆使して胎児を体外に出す回生術は、多くの女性の命を救うことになった。賀川流は江戸中期以降大いに栄え、その門下は二千人におよんだという。また、息子の元貞も、足立長雋《ちょうしゅん》から西洋産科を学んだ秀才だった。長雋は丹波篠山藩（現・兵庫県丹波篠山市）の藩医だが、有名な蘭方医であり、佐倉順天堂をつくった佐藤泰然《たいぜん》など多くの門下生がいた。

純道は数年間、そんな元長・元貞父子が運営する如達堂で産科を学んだが、その後、郷里の伊古田村に戻り、家督を継いで名主を務めた。

ただ、どうしても医業に専念したいと考え、三十代半ばで人の多い大宮郷に移って医院を開いた。その前後、江戸に出てきてさまざまな名医に学んだという。先の佐藤泰然もその一人だった。一説には、長崎でも修業を積んだといわれる。

さて、坂元村の「み登」のもとに到着した純道は、均平と相談して死児の脳骨を砕いた。これは賀川流産科術の一つで、産道から鉄鉤を入れ、頭蓋骨をつぶして胎児の頭を小さくしたうえで体外に排出する方法である。けれど、それでも胎児は「み登」の体内から出てこなかった。純道は当時五十歳。三十年近く多くの赤子を取り上げてきたが、これほどの難産は経験したことがない。その日の午後になって体力を消耗したのか、「み登」の様子が急変した。

ここにおいて純道は、夫の常七ら「み登」の親族を集め、次のように告げた。

「私たちは力を尽くしてみたものの、まだ分娩していない。このままでは妊婦の命が危ない。もし時間をかけて胎児を寸断して子宮から掻《か》き出せば、命をとりとめられるかもしれない。しかしすでに彼女の疲労は限界にきていて、これに耐えられる体力はないだろう」

そう正直にいまの状況を伝えた。そのうえで、左記のような親族が驚く提案をしたのである。純道の言葉を補足を入れつつそのまま紹介しよう。

「宜《よ》く（ぜひ）子宮を截開《せっかい》（切開）して之（胎児）を出すの捷径術《しょうけいじゅつ》（てっとり早い方法）を行ふべし、此乃《これすなわ》ち西医（ヨーロッパの医者）の経験する所なり、空《むな》しく手を束《たば》ねて（こまねいて）以て其死を待たんより、寧《むし》ろ（いっそ）此術を行て以て僥倖《ぎょうこう》（偶然の幸福）の生を祈らんに如《し》かず（ほうがよい）」（「圭設兒列幾斯涅徑《ケイゼルレーキスネーチ》之治験」『中外医事新報1217号』所収　佐藤恒二筆「我邦に於ける帝王截開術の鼻祖伊古田純道翁の遺蹟を訪ふ」昭和十年三月発行より転載）

純道は、日本で誰もやったことのない帝王切開を「み登」の親族に提案したのである。関係者にきちんと病状を説明して、治療法を提示するというのはまさに現在の「インフォームドコンセント」に近い。

結果、「み登」の親族は帝王切開に同意した。そこで純道はすぐに手術を始めた。メスでへその左側を五寸ほど切り割き、子宮を目視したうえで慎重に三寸ほど切り、中から胞衣《えな》とともに胎児の体をことごとく取り出し、さらに子宮から一切の汚物を取り除き、子宮の傷はそのままに腹部だけ縫合したのだった。処置はおよそ一時間で終わった。このとき純道が参考にした文献は、先に紹介した伏屋素狄の『和蘭医話』ではなく、矢田部卿雲《けいうん》がオランダのサロモンによる産科専門書を翻訳した『撒羅満《サロモン》氏産論』だったと考えられている。というのは、純道が同書の「抄録」を自書しているからだ。

麻酔なしでの処置ゆえ、激痛が「み登」を襲ったろうが、「み登」は手術に耐え抜いた。その夜は岡本均平が泊まりがけで看病した。その後、「み登」はなかなか大便が出ずに苦しみ、たびたび嘔吐し飲食もままならない状態が続いた。三日目に少し便通があったが、やがて五月に入ると傷口が開いて患部が膿み、顔や手足がひどく腫《は》れた。腹膜炎か腸閉塞を発症していたのだろう。患部はひんぱんに消毒し、適宜《てきぎ》薬を服用させることで、ようやく体調を回復、六月初旬に自分で便所に行けるようになり、六月後半に全治した。それから「み登」はなんと明治四十一年（一九〇八）まで生き、八十九歳で亡くなった。伊古田純道の英断によって、彼女は江戸時代どころか明治の後半まで生きながらえることができたのである。

ちなみに我が国初の帝王切開例は、じつは大正時代までまったく知られていなかった。佐倉順天堂四代目院長・佐藤恒二氏が、二代目院長・佐藤尚中《たかなか》の備忘録に伊古田純道の術例が記されていることを発見、それを専門誌に発表したことから世に知られるようになったのである。その後、小川鼎三氏や石原力氏、松木明知氏などがさらに調査・研究してその成果を発表、その事蹟が明らかになった。昭和六十二年には、日本医師会などの尽力によって帝王切開がおこなわれた本橋邸の一角に「本邦帝王切開術発祥之地」碑が建立された。秩父という山村で、妊婦の命を救うため、こうした画期的な術式を果敢におこなった医師があったことに敬意を表したい。

なぜ江戸時代に多くのミイラが輸入されたのか？

江戸時代は鎖国していたというが、長崎におけるオランダや中国（明→清）、釜山《プサン》における朝鮮とは、かなりの大規模な交易をしている。だから、さまざまな舶来品が国内に流れ込んできており、お金さえ出せばそれらを手に入れることができた。

なんと、唐物屋《からものや》といわれる、いわゆる輸入雑貨屋も存在したのである。『摂津名所図絵』（寛政八～十年・一七九六～九八）には、大坂の唐物屋の店内が描かれている。それを見ると、西洋の椅子やワイングラス、中国製の壺、孔雀《くじゃく》の羽などが所狭しと並んでいるし、客寄せのためかエレキテル（オランダの医療器具）の実験がおこなわれている。

美人画で有名な浮世絵師の喜多川歌麿には「俗ニ云《いう》ばくれん」と題した作品があるが、画中の女性は、袖をまくり上げて二の腕をあらわにし、左手でむんずと蟹《かに》を手づかみにし、右手でワイングラスを持って酒を飲んでいる。そんな姿が描かれるほど、舶来品のグラスは一般的なものだったのである。

そうした輸入品の中で、大きな話題になったのが、享保十三年（一七二八）に将軍・吉宗が輸入した動物だ。そう、象である。吉宗は海外の動植物にとても興味を持っており、これ以前にもオランダからアラビア種の馬を輸入、南部馬と掛けあわせて体格の向上をはかっている。

吉宗は中国人の呉子明に白い象を所望したが、それが手に入らなかったようで、呉はベトナムから普通（灰色）の象のつがいを連れてきた。このときベトナム人の象使いも同行。ただ、長崎に上陸した牝象（五歳）のほうは舌のできものが悪化して死んでしまった。翌年三月、牡象（七歳）は長崎を発《た》った。途中の京都で中御門《なかみかど》天皇が、どうしても象を見たいと希望した。ただ象は畜生《ちくしょう》で穢れた存在。宮中に入れることはできないので、なんと朝廷は、この象に従四位を叙したという（異説あり）。大名でいえば、城持ち大名に匹敵する地位だ。こうして四月二十八日、象は天皇に拝謁《はいえつ》。続いて霊元《れいげん》上皇、さらに貴族たちも見学した。このおり象は、前足をたたんで挨拶したり、みかんの皮を鼻でうまくむいて食べるなど芸を見せたと伝えられる。

この頃、江戸の町は騒然となっていた。象がやってくるという噂が広がったからだ。そして翌五月、六郷川を舟橋（舟を繋ぎ、板を渡して臨時につくった橋）で渡った象が江戸府内に入ってきた。

江戸っ子は珍獣を一目見ようと、その周囲に群がった。それ以前から象を題材とした錦絵《にしきえ》や人形、双六《すごろく》などが飛ぶように売れ、『象志』、『馴象編《じゅんぞうへん》』といった本まで続々と出版された。いわゆる象フィーバーが起こったのである。

さて、江戸城内で将軍吉宗は象と対面した。残念ながら、そのときの感想は残っていないが、その後、大名や奥女中の見物も許された。それからの象は、浜御殿（現在の浜離宮）で飼育されることになった。ただ、大食いなので飼育代に莫大な費用がかかり、吉宗も飽きてしまったようで、民間に払い下げられることになった。結果、中野村の農民源助らが面倒を見ることになったのだが、源助らは商魂たくましく、象の糞を麻疹《はしか》・疱瘡《ほうそう》の薬だと売りさばき、象を見世物にして拝観料を取ったとされる。さらに象が死んだあとも、その頭蓋骨や牙を「象骨」と称し、湯島天神などで展示して金を徴収したのだった。まさに骨までしゃぶられたわけだ。

江戸時代の珍しい輸入品としてミイラがある。関西大学の宮下三郎教授によれば、寛文十三年（一六七三）、オランダ船が約六十体のエジプトのミイラを持ち込んで売り払った記録が残っているという。記録に残っていないものを含めたら、江戸時代に相当多くのミイラが日本に入ってきたのは間違いない。

二〇一九年十一月から二〇二〇年二月にかけて国立科学博物館で特別展「ミイラ」が開催されたが、わずか三カ月足らずで三十万人を突破する人気となった。これまで何度もミイラ展が開かれていることからも、ミイラが日本人に人気だとわかる。ただ、江戸時代にミイラが輸入されたのは、展示して見物させることが目的ではない。なんと食べるためだったのである。ミイラを買い取ったのは薬屋や医師たち。そう、ミイラは薬として珍重されていたのである。では、いったいどんな病気に効き目があるのか？

貝原益軒《かいばらえきけん》の『大和本草《やまとほんぞう》』（宝永六年・一七〇九）は、日本内外の千三百六十二種の動植物・鉱物の効能などをまとめた大著だが、その中に木乃伊《ミイラ》の項目がある。そこには、次のように記されている。

「打ち身や骨折箇所に塗る。虚弱や貧血に桐《きり》の実の大きさに丸めたミイラの丸薬を一日一、二度ほどお湯で服用する。産後の出血、刀傷、吐血、下血のさいに服用する。気疲れ、胸痛、痰《たん》があるときは、酒や湯と一緒に飲む。しゃくり胸痛も同様。虫歯には患部の穴に蜜を加えてミイラをつける。頭痛、めまいは湯とともに服用。毒虫や獣に咬《か》まれたときは粉末にして油を加えて塗る。妊婦が転んで気を失ったときは、ミイラを火で炙《あぶ》って、そのにおいをかがせるとよい。痘疹《とうしん》が出たときは、身体を温めてから服用する。食あたりはお湯で、二日酔いは冷水で服す」

いかがであろうか、ミイラが万能薬だったことがわかるだろう。

「そんな馬鹿な」と思うだろうが、薬効があるのは確かである。エジプトのミイラには腐敗を防ぐために防腐剤が塗られているが、その主成分はプロポリス。そうミツバチの巣からほんのわずかしか採取できない有機物質で、最高の健康食品として高価な値段で売られている。プロポリスは、テルペノイド、フラボノイド、アルテピリンなどで構成され「天然の抗生物質」と呼ばれる。抗菌作用が強く、滋養強壮に効くとともに、ピロリ菌を抑えるので、確かに胃腸炎にはある程度効果があるはず。迷信ではなく、本当に病気に効いたからこそ、江戸時代の人びとはミイラを輸入したのである。

ちなみに当時の人びとは、ミイラが人間の死体だと知っていて服用したのだろうか。

じつは、知っていたのである。ただし、なぜ人間がこのような乾燥状態になるのかについてはよくわかっていなかったようだ。『大和本草』では、諸説を紹介している。たとえば、砂漠を往来していて悪い風のために人びとは砂の中でとろけてミイラになるという説。けれど著者の益軒は、この説を否定し、「罪人ヲトラヘテ薬ニテムシ焼きにしたのがミイラだと考えている。まったく見当はずれだが、なかなかユニークだ。

ちなみに我が国にも東北地方を中心に即身仏の風習があり、アジアでも中国西部や中央アジアを中心に各地にミイラ信仰が残っている。

さて、江戸時代はミイラを輸入したが、じつは日本からもミイラを輸出しているのである。しかもそのミイラは、人間ではなかった。人魚や河童、鬼、龍といった化け物や妖怪のミイラなのだ。

もちろん、そんな妖怪のミイラが実在するはずもなく、すべてつくり物だった。たとえば、人魚のミイラなどは、猿や猫の頭と鮭や鯉の尾をくっつけ、手をつくって精巧に作成されている。ちなみに日本の人魚は、西洋のそれと違って首から下が魚なので、とてもグロテスク。しかも女性より男のほうが多いのが特徴だ。もともとは輸出品ではなく、両国などに林立していた見世物小屋に展示するために職人たちによって創作されたものだといわれる。妖怪のミイラをつくる職人集団がいたのだ。現在でも各地の寺社に少なからず保管されているのは、必要なくなったあと、さすがに廃棄するのには忍びなく、奉納したからだろう。旧家が所蔵しているのは、たぶん珍しいということで購入したのかもしれない。

そんなわけで輸出品ではないのだが、きっと、あまりに本物らしくつくられているので、外国人が面白いと思って、お土産に買っていったのだろう。とくに医師として来日したシーボルトなどは何体も購入しており、いまでもオランダのライデン国立民族学博物館には、日本から持ち込まれたミイラが保管されている。

このほか、日本の伝統工芸品である漆器も江戸時代に大量に輸出された。とくに螺鈿《らでん》の家具はヨーロッパ貴族にとても好評で、マリー・アントワネットも愛用していた。

日本産の陶磁器（主に伊万里焼）も「イマリ」と呼ばれ、中国の陶磁器「チャイナ」に代わって大人気になり、世界中に愛された。オランダ東インド会社の特注を示す「VOC」のロゴが入った伊万里焼も数多くヨーロッパの博物館に現存している。陶磁器を輸出するさい品物を包んだ保護材は、浮世絵の反古紙《ほご》が多かった。これで浮世絵の素晴らしさに目を見張ったヨーロッパ人たちは、日本が開国すると、来日してお土産として購入し、それがマネやゴッホといった印象派の画家たちに絶大な影響を与えた。

いずれにせよ、鎖国していたとされる江戸時代にも、多くの珍しい品々が輸出入されていたのである。

初夢だけじゃない。いい夢を見ようとがんばった江戸人

将軍・徳川家光が家康を敬愛していたことは第2章でくわしく述べたが、じつは夢に現れた祖父の家康としばしば会話し、病まで治してもらっていたのである。少なくとも家光自身は、本当にそう思い込んでいた。これは、家光の特異な思考ではなく、江戸時代の人に一般的な傾向といえた。当時は、「夢にはパワーがある」と考えられ、

だからこそ人びとはいい夢を見るべく努力したのである。とくに初夢は、今年一年の吉凶を占うものだとされ、ことさら重要な夢だった。

西行の『山家集』に「年くれぬ　春来べしとは　思ひ寝に　まさしく見えて　かなふ初夢」という歌があるので、「初夢」という風習は、平安時代末期から存在していたことがわかる。ちなみにこの歌の意味だが、「年も暮れた、明ければ春だと思いつづけて寝れば、思い寝は夢に見える習いで、まさしく夢に見え、今朝はその春が来て、初夢の願いもかなった」（河東仁《かわとうまさし》著『日本の夢信仰――宗教学から見た日本精神史』玉川大学出版部）というものだそうだ。

現代では、一月二日の夜から三日の明け方にかけて見る夢を「初夢」と呼ぶことが多いが、江戸時代は大晦日の夜、元日夜など、いつ見た夢を初夢とするかがきちんと定まっていなかった。

とはいえ、初夢を見る夜に江戸時代の人びとは、宝船（七福神が乗り、宝物が満載された帆掛け船）を描いた絵を枕の下に敷いて寝るという風習を持っていた。そうすると、いい夢が見られると信じられていたのだ。すでに室町時代には、この風習は定着していたらしい。

河東仁氏の研究によると、もともと宝船絵は「内裏《だいり》から皇族や臣下に下賜された」

ことを始まりとして、「次第に五摂家や将軍家を始めとする公家や武家でも宝船の絵が家臣に分け与えられるようになった。そして江戸時代になると、まず京や大坂で寺社から宝船の版画が頒布《はんぷ》され、やがて江戸でも浮世絵師の作成になるものが売りにだされ、一般民衆のあいだにも宝船の習俗が広ま」（前掲書）るという流れをたどったと述べる。

ただし、室町時代の宝船の絵は、帆柱もなく船の中に稲穂や俵の絵が描いてあるだけだったり、悪い夢を食べてくれるようにと帆に大きく「獏《ばく》」の文字が書かれていたりと、単純な構図だったらしい。それが次第に派手になり、七福神だけでなくおめでたい鶴や亀の絵なども描かれるようになっていった。

江戸時代になると、「お宝売り」と呼ばれ、商売として成り立つほどメジャーな風習になった。『絵本江戸風俗往来』（菊地貴一郎著、鈴木棠三編　平凡社東洋文庫）には、お宝売りは「七福神乗合船の図の上に、『長き夜《よ》のとおの眠りのみな目ざめ、波のり船の音のよきかな』という歌を、当時駿河半紙といいし紙半紙に、墨摺《すみず》りにしたるを売り来たる。二日の正午《ひる》過ぐる頃より夜にかけて、売る者繁し。『お宝お宝ェー、宝船宝船』と呼ぶ声、町、屋敷前とも聞こえざるはなし」と記している。

この歌をひらがなにしてみると、「なかきよのとおのねふりのみなめさめ、なみのりふねのおとのよきかな」となる。これを読んで気づいた方も多いと思うが、廻文（回文）になっている。そう「たけやぶやけた」や「しんぶんし（新聞紙）」のように、前から読んでも、後ろから読んでも同じ発音になる、俳句や和歌に見られる伝統的な言葉遊びだ。

廻文は江戸時代の中期に大流行し、廻文師なる職業が成立するほどだった。とくに廻文師として有名だったのが、仙台城下で活躍した仙代庵（本名・細屋勘左衛門）だ。「今朝見たし徳利ぐっとしたみ酒」、「みな草の名は百《はく》としれ薬なりすくれし徳は花の作並《さくなみ》」をはじめ、多くの優れた回文をつくり、その作品は道標にも刻まれるほどだった。

お宝売りの姿だが、「股引に腹掛の上へ、藍の香りの高い印半纏《しるしばんてん》の二・三枚も重ねて、その上へ広桟《ひろざん》の羽織を引掛けるか、乃至《ないし》は古渡りの唐桟《からさん》づくめで尻端折《しりっぱしょ》るか、何れにしても吉原冠りの手拭か、ずっと砕けてにやけな頬冠りでもして、一杯機嫌で〈お宝々々宝船々々〉と渋い錆《さび》のある声で呼んで行く景気のよさ」（若月紫蘭著、朝倉治彦校註『東京年中行事』平凡社東洋文庫）とあり、けっこうおしゃれで粋な格好で絵を売っていたようだ。

彼らが大きな声で宝船を売りながら練り歩いていると、得意先に呼び入れられ、正月だからといって酒などを振る舞われ、その代わりに歌や清元《きよもと》などの隠し芸を披露した。お宝売りは、男だけではなかった。訳ありの女性も販売していたと思われる。「身のさし合わせ女浪人宝売り」（渡辺信一郎著『江戸の庶民生活・行事事典』東京堂出版所収）という歌が残っているからだ。

また「宝船を売り歩けば、身の幸福を得《う》るとて、随分身柄よき若旦那達の道楽に出《い》でけるもありて、知れる家に呼び止められ、互いに笑うなどもありたり」（前掲、『絵本江戸風俗往来』）とあるように、金持ちの若旦那の中には、道楽でお宝売りの真似をする者もいたらしい。ずいぶん平和な世の中だ。

ところで、初夢でもっとも縁起のよい夢は、「一富士、二鷹、三なすび」。これは誰もが知っている。でも、これに続きがあるのを知っている人は少ない。『俚諺集覧《りげんしゅうらん》』（太田全斎著。十八世紀前半に成立）には、「四扇、五多波姑《たばこ》、六座頭」とある。しかも、この六つは、いずれも駿河国（静岡県の東部）の名物をさしているのだそうだ。

渡辺信一郎氏は、「駿河の国で標高の高いもの、値段の高いものを列挙したものである。富士山は天高く聳《そび》え、鷹も高空を飛び、初茄子《なす》は目玉が飛び出るくらい高価であり、絢爛《けんらん》たる和扇も高価であり、静岡産の煙草（多波姑）も他国より高価で、高利貸しの座頭金《ざとうがね》（座頭が他の人々に貸す金銭。非常に高利で、その催促も執拗なのが特徴）はその利息が特に高いということである」（前掲、『江戸の庶民生活・行事事典』）と解説している。

では、どうして駿河の「高い」ものが最良の初夢になったのか。これについて渡辺氏は「何らかの因果によって、吉夢と結び付いたと考えられる」（『前掲書』）と述べるにとどめている。対して河東仁氏は、天下人の徳川家康が駿河の駿府城におり、「初茄子が高価だったので、その高いことをいわんとして、駿河で一に高いのは富士山、二が足高山〔愛鷹山〕、その次が初茄子だといったのだ」（前掲『日本の夢信仰』）という松浦静山《まつうらせいざん》の随筆『甲子夜話《かっしやわ》』の解釈を紹介している。

このように初夢における吉夢には諸説あるわけだが、江戸時代の人びとは、日頃見る夢にどんな意味があるのかを知り、その後に起こるであろう災難を避けたり、願いを叶えようとした。だから夢に関する解釈本が多数出版された。

私が小さい頃、母親に「夢に大きなヘビが出てきたよ」と言ったら、「それは、近いうちにたくさんお金が入ってくるという意味なの。でも、他人に話してしまったら、もう効果がなくなるそうよ」と告げられ、がっかりした記憶がある。ただ、吉夢を他人に告げてはいけないという考え方は、江戸時代から存在する。

たとえば『夢合延寿袋大成《ゆめあわせえんじゅのふくろたいせい》』には、「吉夢を見たら決して他人に告げず、朝に手を払い、口をすすいで身を清め、氏神や守り本尊をおがめ」と記されている。また、見た夢を供養するため、お神酒《みき》や小豆餅、洗い米を神棚に供《そな》えておけという。とくに洗い米は、年の数だけ丸いよい米粒を選び出し、新しい土器に入れ、井戸より汲んできたばかりの水で七回洗えと書かれている。いまでは考えられない夢供養だが、江戸時代はこんなことを実践する人もいたのだろうか。

ちなみに「ヘビの夢」だが、私は大金が入ってくると母親から教わったが、確かに『夢合延寿袋大成』には「へび、むかで夢にみれバ万仕合よし。わけて商人は銭もうけありとしるべし」と記されている。ただ、どうやら見た夢の状況によっては、ヘビは吉夢にも凶夢にもなるようだ。『夢合長寿鑑絵抄《ゆめあわせちょうじゅかがみえしょう》』（安政四年・一八五七）には「蛇、人を噛《か》むと見れば、大いに金銀を儲くるしるしなり。蛇、人を殺すと見れば、大いなる悪事来たるなり、慎むべし。蛇を殺すと見れば、大いに利分を得るの瑞相なり」と記されている。

このように、夢に吉凶があるなら、そりゃあ誰だっていい夢が見たい。そう思うのが人情だ。そんなわけで、夢をコントロールする方法を紹介した本がある。先の『夢合延寿袋大成』には「恋しいと思う人や故郷のことを夢に見たいと思うときは、この歌を三回となえて寝なさい。そうすれば、夢に必ず出てくるだろう」と述べ、「わがおもふ心のうちの恋しさを　まさしくつげよ神のまにまに」という歌を紹介している。ただ、「本人が心配事を抱えているときは、思ったとおりの夢を見ることができないので、よく心を研《と》ぎ澄まして、今宵《こよい》、夢に見られることをただ一心に思ってこの歌を三回となえて寝なさい」という。ここまですれば、さすがに潜在意識が刺激され、夢に出てくる確率も高くなるだろう。

江戸時代に来日した外国人もベタ褒めしていた富士山！

外国人に日本のイメージを尋ねると、「フジヤマ」、「ゲイシャ」と答える人が多いとよく聞く。それがホントか都市伝説なのかはよくわからない。ただ、これはあくまで私の推測だが、明治時代に横浜で外国人の土産用として販売された写真が、このイメージを形成するきっかけになったのではないかと密《ひそ》かに思っている。日下部金兵衛《くさかべきんべえ》などの写真師がこの時期、富士山の絵を背景に芸者や和服姿の女性が踊ったり、戯《たわむ》れたりする写真を撮り、それが海外に多く出回っているからだ。

では、それ以前、江戸時代に日本を訪れた外国人は、富士山を見てどう感じたのだろうか。少し彼らの感想を探ってみた。

鎖国といわれた時代、唯一日本と国交があった西洋国家はオランダである。オランダは長崎の出島で幕府と交易をしていたが、オランダ商館長（カピタン）は毎年江戸まで将軍に挨拶に来ていた。これをカピタン江戸参府と呼ぶ。

ドイツ人ケンペルは、オランダ商館の医師として元禄時代に来日し、オランダ商館長に従って二度、江戸を訪れ、将軍・綱吉にも謁見《えっけん》している。その旅の途上、富士山の姿を目の当たりにして、次のような感想を残した。

「富士山は旅行中、数里離れていてもわれわれの道標となり、（略）堂々としていて、草や木は全く生えていないが、世界中でいちばん美しい山と言うのは当然である。（略）大抵の季節には白い雪のマントを着ていて、次第に夏の暑さがつのるとたくさんの雪がとけるが、少なくとも一番高い山頂にはいつも雪が残っている。（略）日本の詩人や画家がこの山の美しさをいくらほめたたえ、うまく描いても、それで十分ということはない」（斎藤信訳『江戸参府旅行日記』平凡社東洋文庫）

すでにケンペルの時代、外国人のあいだで富士山が世界で一番美しい山という噂が立っていたことがわかる。それにケンペル自身も、その姿を見てこんなふうに賛辞をささげているのだ。

そんなケンペルの著書『日本誌』の影響を受け、それから百三十年後に来日したのがシーボルトである。同じくシーボルトも、江戸の町から見た富士山について言及している。

「江戸滞在中、たびたび見た富士は実にすばらしかった。とくに視界が澄んでいる朝の涼しい時には、この天にそびえるピラミッドの山は間近にあるように見える。古い火山的性質やまだ雪におおわれた山頂の陥没した火口がはっきりと見える」（斎藤信訳『江戸参府紀行』平凡社東洋文庫）

いまでも冬に東京から富士山がよく見えることがあるが、江戸時代はもっとくっきりと見えたのだろう。

幕末にアメリカの総領事として下田に着任したタウンゼント・ハリスも、安政四年（一八五七）に下田から江戸に来る途中、富士山を見て次のような感想を残している。

「それは名状することの出来ない偉大な景観であった。ここから眺めると、この山は全く孤立していて、約一萬呎の高さで、見たところ完全且つ荘麗な圓錐體をなして、聳えたっている。（略）それは、雪で蔽われていた。輝いた太陽の中で（午後四時ごろ）、凍った銀のように見えた」（坂田精一訳『日本滞在記　下』岩波文庫）

富士山を「凍った銀」と表現するとは、なかなかの詩人だが、ハリスの通訳だったヒュースケン（オランダ人）も、

「立ち並ぶ松の枝間に、太陽に輝く白い峰が見えた。それは一目で富士ヤマであることがわかった。今日はじめて見る山の姿であるが、一生忘れることはあるまい。この美しさに匹敵するものが世の中にあろうとは思えない」（青木枝朗訳『ヒュースケン日本日記』岩波文庫）

と述べている。しかもこのときヒュースケンは、「感動のあまり思わず馬の手綱を引い」てしまい「脱帽して、『すばらしい富士ヤマ』と叫んだ」ほどだった。

いかがであろう。多くの外国人が富士山の素晴らしさをベタ褒めしていることがわかるだろう。だから当然、富士山の頂上に登りたいと考える外国人が現れるのは自然の流れだ。

かくして万延元年（一八六〇）七月、初めて外国人が富士登頂を実行する。それを成し遂《と》げたのは、イギリス公使のオールコックであった。彼は富士山を「美しい点ではおそらくほかに匹敵するものがない」「無二の存在」（山口光朔訳『大君の都　中』岩波文庫）とあこがれていた。

とはいえ、幕府がすぐにオールコックの富士登山を認めたわけではなかった。そのあたりの事情と登山の経緯について、オールコックの記録『大君の都』を参考にして紹介していこう。

この時期、ヨーロッパ、とくにイギリスではスポーツやレクリエーションとしての登山が流行していた。そこでオールコックは、幕府に対して富士登山の許可を求めた。ところが幕府は、すでに登山の時期が過ぎているとか、外国の高官が「慣習的に下層階級の人びとだけにかぎられている巡礼に出かけることは、ふさわしいことではない」とか、はたまた「不平分子がわれわれに個人的な危害を加えるおそれがある」などと言って、オールコックの試みに強く反対したのである。

オールコックは、幕府が外国人の旅行の権利を妨《さまた》げ、日本人との接触を制限しようとしているのだと考え、富士登山を強行することに決めた。このため仕方なく幕府は登山を認めたのだが、オールコックが「できるだけ個人の資格で旅行したいと思って護衛がつかぬように希望した」ものの、幕府は安全のためだと称し、百名の人員と三十頭以上の馬で富士山へ向かうという大行列となってしまった。

オールコック一行は現・富士宮市宮町の富士山本宮浅間《せんげん》大社で一泊したが、台風の影響で一日出発を遅らせ、山伏三名の案内をつけて村山口から富士山の頂《いただき》を目指した。

数時間歩くと「およそ生命のあるものがまったく見かけられないところへさしかかり、その後は「山の粗石《あらいし》や火山岩のかすの上についている曲がりくねった登り道」をひたすらのぼり、その夜は「巡礼者たちが避難できるように一部を掘って屋根をかけた小さな小屋」に「もうせんを敷いて横にな」り、夜明けに「熱いコーヒーを飲みビスケットをかじってから、のこり半分の登山にとりかかった」。その後は、「空気がいちだんと稀薄になって、明らかに呼吸に影響をおよぼし」「息をつくためと痛む足を休めるためにたびたび立ちどまりながら」八時間かけて頂上にたどりついたのである。

こうして外国人として初めて富士山の登頂に成功したオールコックだが、この不遜《ふそん》な行動が尊王攘夷派に憎まれ、翌年、イギリス公使館となっている品川の東禅寺が襲撃を受け、危うく殺されそうになった。このためオールコックは、品川御殿山に新たな公使館の建設を要求。ところが建設中に長州の高杉晋作ら尊攘派に焼き打ちされた。これにより身の危険を感じたオールコックは、江戸を引き払い横浜に拠点を移さざるを得なくなった。

そんなオールコックに代わって着任したイギリス公使がパークスである。

この男も、慶応三年（一八六七）、幕府の許可を得て富士登山を実施した。村山口から九月十日に山頂を目指し、登頂に成功している。十人ほどの少人数だったが、驚くべきはパークスの妻・ファニー夫人が含まれていたことであろう。

じつは江戸時代、富士山山頂は女人禁制であった。つまり幕府が初めて正式に富士登山の許可を出した女性は、外国人だったのである。

さて、話は少し戻る。アメリカ公使のタウンゼント・ハリスは、日本に滞在して五年目の文久元年（一八六一）六月、老齢を理由に辞職して帰国することをリンカーン大統領に願い出ていた。これを知った幕府の老中たちは、日本に留《とど》まるよう説得している。さらに大統領にもその旨を書き送った。これは、異例のことだった。じつはハリスは、イギリスのような強硬な姿勢を見せず、日本と列強諸国の調整役を務めてくれ、幕府高官も彼を信頼していたのである。だが、ハリスの気持ちは変わらなかった。翌年五月、とうとう彼は日本の地を去っていった。離日の直前、老中の安藤信正はハリスに対して「貴下の偉大な功績に対し、何をもって報《むく》いるべきか。これに足るものは、ただ富士山あるのみ」と謝意を表明したと伝えられる。安藤はハリスへの餞《はなむけ》に日本人の心を贈ったのである。

5章　恐ろしくも不思議な江戸時代の罪と法

江戸時代は、自白しなければ有罪にならなかった⁉

江戸時代は、犯人とおぼしき者が浮かび上がった段階で、犯罪捜査に従事する役人たちは、すぐに容疑者を捕まえて牢（牢屋敷）にぶち込んでしまった。人権など顧《かえり》みられないのが江戸時代だ。ただ、入牢中はあくまで容疑者扱いである。ならば牢獄は刑務所というより未決囚を留置する拘置所《こうちしょ》なのかといえば、そうともいえない。一部だが、懲役刑を科されて服役している者も交じっていたからだ。

牢内にいる囚人や容疑者には、厳しい上下関係があった。牢で一番偉いのが牢名主《ろうなぬし》。囚人の中から選ばれ、囚人たちの管理や秩序維持にあたった。畳を十二枚も重ねた上に鎮座していて、気に入らなければ、手下に命じて入牢者を抹殺できた。リンチで殺された者は多く、牢役人たちも見て見ぬふりをし、犠牲者を病死として届け出た。入牢のさいは古参の囚人（牢役）が板で新入りの体を激しく叩きながら、牢内の規則を朗々と節をつけて教えたとされる。

こうした過酷な状況下で生き残るためには、やはり金の力が必要であった。金子は「ツル」と呼ばれ、入牢するとき、着物の縫い目に金の粒を隠したり、呑み込んだり、肛門に入れたりして持ち込んだ。金を多く持っていれば優遇され、見張り番に頼めば酒や煙草も手に入った。

さて、身柄を拘束された容疑者は、まもなく町奉行所に引き出され、奉行から氏名や住所などを尋ねられるが、その後は奉行所の与力や同心から詳しく事情を聴取される。この過程を吟味《ぎんみ》と呼ぶが、担当者は詮議《せんぎ》方や吟味方と呼ばれ、取り調べや裁判のプロであった。ただ興味深いのは、たとえ完全に犯行の証拠がそろっていても、本人の自白がなければ、有罪判決を下すことはできないことだ。

「ならば自白しなければよいではないか」と思うかもしれないが、そう簡単なことではない。容疑者が自白しない場合、拷問《ごうもん》が許されていたのだ。つまり、吟味方がこいつが犯人だと確信したら、結局は有罪にさせられてしまうのが、江戸時代の怖さだった。

だから、えん罪も少なくなかった。たとえば享保十年（一七二五）四月、放火の罪で伝兵衛という男が逮捕された。捕らえたのは、火付盗賊改役・飯田惣左衛門の目明《めあか》しで般若面《はんにゃめん》の源七だった。取り調べで伝兵衛本人が犯行を認めたので、北町奉行の諏訪美濃守が最終確認をおこない、火焙《あぶ》りに処するという判決を出した。

ところがこの頃、「火事のとき伝兵衛は主人の家にいたのに」という噂が市中で広まりはじめた。これを聞きつけたのが、南町奉行の大岡忠相《ただすけ》だった。忠相は、すぐに相役の諏訪にその件を話して伝兵衛の再吟味を求めた。そこで改めて北町奉行所で事情を聞いてみたところ、「目明かしの源七に脅され、怖くて偽証してしまった」と告白したのである。当然、伝兵衛は無罪放免となり、自白を強要した目明かしの源七は、死罪に処せられた。

さて、自白のための拷問だが、江戸幕府は一応、法治国家である。勝手に容疑者を殴ったり、傷つけたりして自供を引き出すことは認められていない。たとえば江戸の町奉行所などの捜査機関は、老中に伺いを立てて拷問をおこなう許可をもらう必要があった。

また、拷問が許されるのは殺人、火付け、盗賊など、死刑に該当する可能性の高い容疑者に限られていた。しかも江戸中期からは、実施してよい拷問は「笞打《むちうち》、石抱《いしだき》、海老責《えびぜめ》、釣責《つりぜめ》」の四種のみとされた。

江戸町奉行所の場合、拷問は容疑者を拘留している伝馬町の牢屋敷内でおこなわれた。だから拷問を指揮する与力が町奉行所から数人で出張してきた。このおり、御目付配下の御徒《おかち》目付、御小人目付などが立ちあう規則になっていた。拷問をおこなうのは牢屋敷を支配する石出帯刀《いしでたてわき》（牢を支配する長官の世襲名）配下の組同心たちだ。牢屋敷お抱えの医師も万が一に備えて同席することになっている。

一番軽い拷問は、笞打だ。これは、牢屋敷内の穿鑿所《せんさくじょ》（八畳敷二間）で執行された。容疑者の服を脱がせて太い縄で体を縛り、左右の腕先を背後の肩まで縄で締め上げ、その縄の先を前後に引き分け、二人がしっかり握って身動きができないようにする。そして、打役が拷問杖（箒尻《ほうきじり》）で思いきり背中を叩くのだ。

出血しても砂を傷口に振りかけて血止めし、その上から容赦なく杖で叩き続けた。百五十回以上は叩かれる。ただ、多くの者は最初に縛り上げられただけで、その痛みと恐怖にがまんできずに泣きわめき、さらに杖で数回叩かれると、すぐに白状に及んだ。

拷問中に自白するといい出したときはただちに拷問をやめ、医者が気付け薬や水を与える。そして口書《くちがき》（自供書）を作成し、それを本人に読み聞かせたうえで拇印《ぼいん》を押させた。武士の場合は署名させたが、拷問による衰弱のためにそれが無理ならば押印でかまわない。

笞打ちで自白しなければ、次は石抱がおこなわれた。まず真木（十露盤板《そろばん》）という台座に容疑者を座らせる。三角形の材木を五本並べてつなげたものだ。体は縄でしばって後ろの柱に固定する。座わると臑《すね》にとがった材木が食い込んで痛むが、さらに膝の上に長さ三尺（九十一センチ）×幅一尺（三十・三センチ）、厚さ三寸（九センチ）

の石板をのせるのだ。重さは十三貫（約四十八・八キロ）あるから激痛が走る。

たいていは二、三枚も積めば自白におよぶ。ちなみに五枚で口から泡を吹き、十枚積むと体が蒼色《あおいろ》に変じて血を吐くという。息をしなくなったり、気を失いイビキをかきはじめる者もある。それでも自白しないときは、左右から力を込めて石をゆり動かし「さあ、どうだ、どうだ」と責め立てた。ただ、殺すことはしない。あくまで罪を告白させるのが目的だからだ。正式な拷問時間は一刻（二時間）と決められており、長くても三、四時間でやめた。

もし、石抱でもダメなら海老責にかけた。拷問蔵（二間×二間半の塗籠めの土蔵）の中で、容疑者を後ろ手に縛り、あぐらをかかせて足首を縛り、後ろで縛った縄二筋を両肩から前に垂らし、その縄で両膕を一めぐりさせて締め上げ、縛った両足首が顎《あご》につくまで体を屈曲させて放置するのだ。

三十分もすると血行が止まり、全身が鬱血《うっけつ》して赤黒くなってくる。これが海老の色に似ているので海老責と呼ぶのだ。容疑者は激痛に襲われ、時間が経つと失神し、血を吐いて絶命してしまう者もいる。

それでも自白しないとき、最終手段として釣責をおこなった。容疑者の上半身を裸にして両腕を後ろに回し、両手を深く交差させ、その部分に紙をあてがって藁《わら》で巻き、縄で縛り上げる。余った縄を胸に回して固定してから梁《はり》に吊るす。そうすると次第に縄が体に食い込み、やがて足のつま先などから血がしたたり、その苦痛は想像を絶するものとなる。それでも白状しないときは、吊るしたまま箒尻で体を叩いて自白を迫った。

そんな究極の拷問である釣責だが、なんと、これにも耐えてしまったケースがある。播州《ばんしゅう》(現・兵庫県南西部)無宿の吉五郎である。吉五郎は強盗の疑いで北町奉行所に捕まった。証拠も明白で、証人もいた。しかし頑《がん》として罪を認めなかったので拷問をおこなったのである。笞打を十五回、石抱を二十五回、さらに海老責を二回。ところが信じがたいことにそれでも白状しなかったのである。そこで三十年間実施されていなかった釣責が執行された。だがこの拷問にも耐え抜き、とうとう自白しなかったのだ。驚いた奉行所はもう一度、釣責にしてみたが、吉五郎はこれにも屈しなかった。結局、拷問は四種あわせて四十四回におよんだ。

困り果てた町奉行は、老中に対して「察斗詰《さっとづめ》」を申請した。犯行が明白なのに本人が認めないときは、老中の判断で有罪にできる制度である。こうして吉五郎は獄門《ごくもん》となった。どうせ殺されるなら、こんな苦しみを受けずにすぐに処刑されたほうがましだったろう。

とはいえ、拷問を用いるということは、担当役人の吟味下手を告白するようなものなので、極力忌避される傾向にあった。

さて、犯人が自白すると、手続きは次の段階に進む。犯行の経緯とそれを事実だと承認する口書が役人によって作成されるのだ。完成後は容疑者に読み聞かせ、異議がなければ拇印を押させた。

例繰方《れいくりがた》と呼ばれる町奉行所の役人は、同様の犯行を過去の事例から探して刑罰を決定し、町奉行の裁可を求めた。重刑については、老中や将軍の裁可が必要だった。こうして罪が確定すると、犯人を町奉行所に連行し、町奉行自身がお白洲から直接判決を申し渡した。

ただし、判決が死刑などの重罪で、なおかつ、犯人が庶民の場合は、お白洲ではなく牢屋敷の中で役人が判決を申し渡すというのが慣例だった。つまり、検使与力が牢屋敷を管理する石出帯刀や牢屋見廻同心、鍵役同心の立ちあいのもとで、牢から出されて羽掻縄《はがい》をかけられた容疑者に対し、死刑などを宣告するのである。

なお、武士や僧侶などの身分がある者に対しては座敷で宣告をおこなった。こうして事件は一件落着となり、刑の執行はその後すみやかにおこなわれた。

とっても複雑で厳しい江戸時代の刑罰

江戸時代の刑罰は、かなり複雑だ。大きく分けて正刑《せい》、属刑《ぞく》、閏刑《じゅん》の三種類がある。正刑というのは、正式な刑罰のことで、「呵責《かしゃく》、押込《おしこめ》、敲《たたき》、追放、遠島、死刑」の六種。正刑に付属するのが属刑で、「晒《さらし》、入墨、闕所《けっしょ》、非人手下《てか》」の四種である。さらに閏刑は、身分に応じて科される刑罰だ。

まずは、正刑から紹介していこう。

最も軽い「呵責」には、「叱り」と「急度叱り《きっと》」の二種があり、後者のほうが重い刑だ。罪人は、町名主や家主に連れられて町奉行所へ出向き、お役人から厳しく叱りとばされる。

「押込」は、犯罪者を一室に閉じ込める罰。二十日～百日のあいだ格子をはめた座敷や土蔵に監禁された。

敲は、牢屋敷などの門前で体を鞭《むち》で強く叩かれる刑だ。数は五十回と百回がある。

追放には「所払い、江戸十里四方所払い、軽追放、中追放、重追放」の六種類があった。遠島は、いわゆる島流しのこと。佐渡島や伊豆七島が流刑先として有名だ。

興味深いのは、遠島に処された罪人は、島では比較的自由に生活できたことだ。もちろん島抜けや罪人同士で親しくすることは許されなかったが、島民との交流はそれほど制限されなかった。ただし、幕府や藩からの経済的な支援はなく、原則、自分で生計を立てなくてはならない。このため島民の農業や漁業を手伝ったりして細々と暮らす罪人がほとんどだった。ただ、特別な技術や能力があれば、比較的暮らしは豊かだった。

八丈島の例を見てみよう。教科書にも登場する北方探検家である近藤重蔵の息子・富蔵は、隣人一家を殺傷した罪で八丈島に流されたが、島では石垣の構築、位牌・仏像・絵画の製作、畳造り、島民の系図作成などで暮らしを立てている。器用なうえ知識人だったのだろう。しかも地元の農民の娘・イツと結婚、三子をもうけている。彼が書き残した膨大な『八丈実記』は、伊豆七島の歴史や文化を知るうえではなくてはならない貴重な資料だ。

元禄時代に幕府を批判した罪で流された菊池民部は、運慶の末流第二十五世と称して仏像をつくって生計を立てた。島内には民部がつくった多くの仏像があり、のちに宗福寺住職の孫娘と結婚、子どもが四人生まれている。薩摩藩で回漕問屋《かいそうどいや》を営んでいた丹宗《たんそう》庄右衛門は、密貿易で流罪となったが、薩摩伝来の焼酎づくりを村人に伝授し、現在も八丈島の名産品となっている。

さて、正刑のうちもっとも重いのが死刑である。ただ、罪の軽重に応じて「下手人《げしゅにん》、死罪、獄門、磔《はりつけ》、火罪、鋸挽《のこぎりびき》」の六種類に分かれる。

ただし武士には、自分で自分を処刑する「切腹」が許されていた。これは、名誉ある死に方だとされた。たとえば赤穂《あこう》浪士は、徒党を組み飛び道具を持ち込んで吉良《きら》邸に入り込み、多数を殺傷したうえで上野介《こうずけのすけ》の首を取った。通常であれば、打ち首獄門が妥当だった。しかし、世間だけでなく幕府高官たちも彼らの忠義に感銘を受け、武士としての切腹を許されている。

とはいえ、彼等は実際に腹を切ったわけではない。三方《さんぽう》にのせた短刀に手を伸ばしたところで、介錯人《かいしゃくにん》に首を落とされたのである。ただ、間新六《はざましんろく》だけは服を脱がぬうちからいきなり短刀を腹に突き立て一文字に切り割いた。このため驚いた介錯人が慌てて首を落としたという。

この頃になると、武士の切腹は、形式的になっていく。三方に紙で包んで短刀に見立てた木刀や扇子《せんす》をのせ、本人の正面三尺あまりのところに置く。頃合いを見計らって武士は肩衣《かたぎぬ》の前をはずして衣服をくつろげ、短刀をつかもうと前に左手をつき、右の手を伸ばす。そして三方に右手が達しようとするその瞬間、介錯人が刀を振り上げ首を落とすのである。

首の皮一枚だけを切り残すのがうまい介錯だとされた。首を切り落としてしまうと、重みがとれて体が後ろに倒れ、介錯人自身が返り血を浴びてしまうからだ。皮一枚残せば、首が垂れ下がった重みで体は前に倒れる。このとき介添人は素早く首を引き立て、残る皮を刀で切断、首の正面を検使役に向けた。

続いて、一般的な死罪の説明をしていこう。「下手人」は、単に刀で首を刎《は》ねられるだけで、遺体は引き取り人に下げ渡された。「死罪」の場合は、遺体は刀の切れ味を確かめる試し切りなどに用いられることもあった。遺体は捨て置きとなり、本所や千住の回向《えこう》院に無縁仏として葬《ほうむ》られた。「獄門」は、切り落とした首を水で洗い、俵に入れて青竹で貫いて小塚原《こづかっぱら》や品川鈴ヶ森の刑場に運び、獄門台の上に三日間晒《さら》して恥辱を与える罰。

主人や親を殺したり、放火した場合は、斬首より残酷なやり方で公開処刑がおこなわれた。それが「磔、火罪、鋸挽」である。

「磔」は、牢屋敷から罪人を刑場に連行し、罪木（二間の柱に手と足を縛る二寸角の二本の横棒を交差させたもの）に縛り、三尺ほど掘った穴にそれを立てかけ、地面を突き固めて倒れないようにした。やがて突き手二人が左右に分かれ、罪人の前で槍の穂先を交差させ、その後、「ありゃ、ありゃ」と声をあげながら、槍を脇腹に突き刺すのである。槍を抜くとき、血が柄《え》に伝わらぬよう必ずひねりを加え、何度も交互に突いた。すぐに死ねないため、苦痛ははなはだしいものであった。たいてい十数回突くと多くの者は絶命するが、頃あいを見計らって死体を改め、突き手が喉《のど》を右から刺し貫いた。これを止めの槍と呼ぶ。

遺体はそのまま三日二夜放置された。

「火罪」は火焙りのことで主に放火犯に適用された。刑は品川の鈴ヶ森か千住の小塚原のどちらかで執行されたが、属刑（付加刑）として処刑前に「引き回し」がおこなわれるのが一般的だった。たいてい、自分が火をつけた近辺や被災地域を裸馬などに乗せて引き回され、その姿を晒された。

南町奉行所の与力・佐久間長敬《おさひろ》は、処刑の様子を次のように証言している（南和男校注『江戸町奉行事蹟問答』人物往来社）が、それを意訳して紹介しよう。

「囚人を磔柱に縛りつける。縛る場所は喉、脇腹、両腕（後ろ手に縛る）、腰、足のくるぶし。縄は焼けないよう粘土を塗る。そして、柱を穴に入れて囚人を直立させ、用意が整ったら検使役の与力が確認したうえで、火をかけろと命じる。かたわらには薪《まき》が積んであり、執行人たちが囚人の前後左右に薪を立てかける。そして藁へ火をつけ、四方より燃やしていくのである。すぐに激しく燃え上がり、ぱちぱちと焼けはじめる。そのとき執行人は竹ぼうきで囚人を叩いて炭を落とし、高竹ぼうきへ火を移し、囚人の鼻の穴に向ける。このとき必ず青い液体が出る。遺体は真っ黒になり、検使役が死を確認して退散する」

このように火罪では確実にとどめを刺すため鼻を焼くが、男の場合、さらに陰嚢《いんのう》を焼き、女の場合は乳房を焼いた。これを「止め焚《だ》き」と呼ぶ。遺体はそのまま三日間晒された。ただ、火罪は薪で四面を覆い尽くして焼くために、実際にはすぐに煙に巻かれ、窒息死するそうだ。つまり焼き殺されるわけではないのだ。さらにいえば、窒息時に非常に苦しむため、柱に縛りつけるとき、のどの縄を強く絞めて絞殺してやり、その後、あたかも火罪の刑で死んだように見せかけてやったのだという説もある。

磔より残酷なのが鋸挽だ。体を土に埋めたり、地中の箱の中に押し込めて首だけ出させ、その脇に鋸を置き、通行人に挽かせるのである。とはいえ江戸時代になると、鋸で挽こうとする者は皆無となった。そこで鋸挽と決まった死刑囚は、市中引き回しとなり、その後、「穴晒箱」と呼ぶ首だけ出す箱の中に入れられ、日本橋南詰広場に二日間晒された。このとき、両肩に切り傷をつけ、その血を二本の竹鋸に塗りつけ、首の左右に置いておく。そして最後は刑場に運ばれ、磔となった。

続いて属刑だ。まずは晒。これはその名のとおり、縄を巻かれた状態で公衆の面前に顔を晒される刑だ。恥をかくことを極端に嫌う日本人にとって、屈辱的な刑罰といえる。往来の多い日本橋には晒し場があった。

入墨刑は窃盗犯に課される属刑である。江戸の場合は、伝馬町牢屋敷の牢屋見廻り詰所近くの砂利の上に敷いた筵《むしろ》に犯罪者を座らせ、本人確認をしたあと左肌を脱がせ、執行者が墨で文様を描き、そこに針を刺して墨を擦《す》り込み、入墨を完成させた。江戸では肘《ひじ》の関節より下に二本線を入れたが、土地によって入墨の入れ方は違う。佐渡では「サ」という文字を入れたが、御三家の紀州藩では額に「悪」という字を刻んだ。広島藩では、初犯は額に「一」、再犯すると「ノ」を足し「ナ」という形にし、三度目は「犬」という字にする。つまり、犬畜生にも劣るという意味だ。

最後の閏刑は、冒頭で述べたように、身分に応じて科される刑罰である。たとえば「逼塞《ひっそく》、閉門、蟄居《ちっきょ》、改易（所領や家財没収、士分剥奪）、預《あずけ》、切腹」などは武士に、「過料（罰金）、閉戸《へいこ》、手鎖《てぐさり》（手錠で自宅謹慎）」は庶民（農工商）に、剃髪《ていはつ》（髪の毛を剃《そ》り落とす）は女性に科された。

金をもらって女の髪を結うと処罰された時代

「女髪結《かみゆい》」の話をしたい。女性の髪を結う、いまでいえば理容師・美容師のことだ。女性がみな髪を結うようになったのは、江戸時代に入ってから。それまでは貴族や武士の間でも垂髪《すべらかし》が一般的だった。それが次第に髪の毛を束ねはじめる。当初は自分で結髪したり、友人や知人で結いあったりしていたが、次第に金を出して他人の手でオシャレな髪型にしてもらうようになった。こうして女髪結という職業が成立してくるわけだ。

ちなみに私が子どもの頃に通っていた近所の床屋は、行くと必ず天国か地獄か、どちらかの気分を味わされた。どちらかになるかは順番がくるまでわからない。店は父と娘で営業していたが、娘さんは超美人だった。襟足《えりあし》を剃ってもらうとき彼女の顔が間近に迫って来たり、散髪の途中、体が一瞬だけ私に触れたりする。ませガキだったので、天にも昇る気持ちだった。いっぽう父親のほうは、平気でゲップやおならをする嫌なオヤジだった。

だから女髪結と聞くと、私の脳裏には、あの美人理容師の顔が思い浮かんでくる。ただ最初の女髪結は、山下金作という男性だったというのが定説になっている。山東京山が随筆『蜘蛛の糸巻』で語ったものだ。簡単に紹介しよう。

京山はいう。安永年間（一七七二～一七八一）、上方歌舞伎の女形である山下金作は江戸にくだって深川に住みはじめたのだが、自分が芝居でつけるカツラを美しく結い上げていた。それを目にした深川のある芸妓が感激し、「私の髪もやっとくれ」と頼み込んだ。そこで銭二百文で結い上げたところ、なんとも見事な仕上がり。これが噂になって客が殺到、ついに金作は女性専門の髪結を渡世《とせい》とするようになったのである。

そんな金作に弟子入りしたのが甚吉という若者だった。彼はその技を習得すると、半額の百文で料理屋の仲居たちの髪まで結いはじめ、以後、「百」さんと呼ばれ、あちこちを回って大いに稼《かせ》いだという。弟子たちも大勢できたのだが、彼らの多くも自立してさらに半額以下で仕事を請け負い、寛政年間（一七八九～一八〇一）に入ると、手頃な値段の女髪結は大流行。誰もが髪を髪結に任せたので、女性は自分で髪を結うことができなくなるほどだった。

ところがちょうどこの頃、老中・松平定信が主導する幕府の寛政の改革が始まった。そして改革の一環として、なんと女髪結を禁止したのである。寛政七年（一七九五）十月のことだ。その理由について、禁令の内容を意訳して理解してただこう。

「以前は女髪結はいなかったし、金を出して髪を結ってもらう女もいなかった。ところが近頃、女髪結があちこちに現れ、遊女や歌舞伎の女形風に髪を結い立て、衣服も華美なものを着て風俗を乱している。とんでもないことだし、そんな娘を持つ両親はなんと心得ているのか。女は万事、分相応の身だしなみをすべきだ。近年は身分軽き者の妻や娘たちまでもが髪を自分で結わないというではないか。そこで女髪結は、今後は一切禁止する。それを生業《なりわい》とする娘たちは職業を変え、仕立て屋や洗濯などをして生計を立てるように」

質素倹約を改革の主眼としていた幕府は、近年の庶民女性の風俗は華美に流れており、その責任の一端は女髪結にあると判断したのだ。この文面から、当時の女髪結はすでに女性中心の職業だったことがわかる。ちなみに『蜘蛛の糸巻』を著した山東京山は、この女髪結禁止令に賛成だったようで「彼《か》の百（金作の弟子・甚助）が妖風の毒を残し、なり。然《しか》るに。維新の御時（寛政の改革）に遇《あ》ひて。此妖風一時に止まるは。忝《かたじけな》き事にぞ有りける」と述べている。しかしながら、この改革では京山の兄である京伝が、遊里のことを書いた洒落本《しゃれぼん》『仕懸《しかけ》文庫』を問題視され、手鎖（手錠をして生活する）五十日の刑に処せられている。

江戸時代の面白さは、ほとぼりが冷めたら、法令は平気で破られることであろう。

寛政の改革が終わり、将軍・家斉の文化・文政時代（一八〇四～三〇）になると、風俗は大いに緩《ゆる》んで庶民の暮らしは贅沢《ぜいたく》になった。もちろん、またぞろ女髪結も現れた。ところが、である。

老中水野忠邦による天保の改革（一八四一～四三年）が始まると、庶民の娯楽は徹底的に取り締まられ、再び女髪結も廃業を迫られた。

天保十三年（一八四二）十月に出された禁令を見ると、「髪を結渡世《とせい》同様ニいたし候《そうろう》女」（女髪結）は、「重敲《じゅうたたき》」の罪に相当するとして「百日過怠《かたい》牢舎」（入牢）を申しつけ、その両親や夫も罰金「三貫文」相当の罪にあたるとして「三十日手鎖」。さらに家主も同様。また、髪を結ってもらった客も三十日の手鎖とし、客の親や夫は「過料三貫文」とすると書かれている。それにしてもお金をもらって女性の髪を結っただけで、百日間も牢獄にぶち込まれ、客のみならず、女髪結の両親や家主まで処罰されるというのは尋常ではない。天保の改革が二年間で失敗に終わると、庶民が水野忠邦の屋敷を取り囲み、石を投げたり、屋敷の一部を破壊したのは心情としてよくわかる。

ちなみにこのときは、あの曲亭馬琴が『著作堂雑記』の中で、

「天保十二年春ごろから女髪結を禁止され、今年十三年になって、それでもやまないので、女髪結だけでなくその客も召し捕られ、手鎖を掛けられるようになった。町中

には『女髪ゆい入べからず』という札が貼られるようになった。この女髪結というものは、文化年間から始まって次第に増え、貧しい裏長屋の女房や娘、あるいは下女までもが女髪結に髪を結わせるようになった。いまは自分で髪を結わない者ばかりだ。当初は客が髪を結うための油を出し、百文の代金を取っていたが、最近は女髪結が増え、安いのになると二十四文で髪を結ってくれる」と記し、最後に「是らの御停止は、恐れながらもっとも御善政にてありがたき御事なり」と讃《たた》えている。その認識は、寛政の改革時の山東京山と同様である。

ただ、本当に女髪結を生業にしたからといって、処罰された人がいたのだろうか？

じつは、存在したのである。『長崎奉行所記録　口書集　上巻』（森永種夫編　犯科帳刊行会）にその事例が採録されている。長崎奉行所に残る裁判記録をまとめたもので、口書というのは江戸時代の供述調書であり、最後に嘘偽りがないことを証明するため拇印を押した書類だ。

弘化元年（一八四四）四月の記録に「女髪結」みつ（二十九歳）の口書があるので、その供述を意訳して紹介しよう。

「私は新橋町茂兵衛の娘です。先年、父が亡くなったので困窮し、寄合町の遊女屋忠三郎方で家事手伝いをしておりました。東浜町七郎太方にはよく出入りしているのですが、同家の娘もん（二十歳）やその下女かや（二十四歳）から髪を結ってほしいといわれ、鼻紙代として銭二十文を受け取り結髪いたしました。女髪結が禁止されていることは重々承知しておりますが、小遣い銭にも事欠くほど生活が苦しく、つい法を犯しました。逮捕されてお役人様から他所《よそ》へも出入りして結髪で金を稼いでいるだろうと再三聞かれましたが、そんなことはございません。右のことについては一切、偽りはございません」

　このように貧窮のあまり、結髪に手を出したようだ。なお、みつは手鎖の刑に処せられた。また、客となった「もん」と「かや」も取り調べられている。

　もんがいうには「両親が先年死去したので造り酒屋を継承したが、持病の癪《しゃく》が長引いて自分で髪を結えなくなったので、元女髪結であったみつに仕事を依頼したが、それ以外、ほかの女髪結を用いたことはない」と誓っている。どうやら密告者があったようで、みつがもんの髪を結っている最中に長崎奉行所の役人が乗り込んできている。さて、このような摘発をおこなったにもかかわらず、一向に女髪結は姿を消さなかった。

　江戸の町奉行所は、嘉永六年（一八五三）五月三日、町の名主たちに「女髪結之儀ニ付御教諭」という通達を発した。そこには次のようなことが記されている。

「かつて女髪結は厳禁されていたが、密《ひそ》かに調べたところ千四百人あまりもいることがわかった。そのままにしておけないのですぐに捕まえるべきだが、このたびは特別な計らいで吟味の沙汰にはおよばない。とはいえ、そのまま放置できないし、女髪結がいると女子の風儀が奢侈《しゃし》に流れてしまう。ただ、貧しさゆえに髪結渡世を営んでいるのだから、急に仕事を取り上げてしまうと困る者があるだろう。そこで今後は、毎月初旬に町の家主たちを集め、町内に女髪結がいないかを問いただし、もしいたら説諭を加えて商売替えをするよう説得せよ。それでもいうことを聞かなければ、捕まえて連れてこい。放置することのないように」

いかがであろうか。天保の改革の十年前と比べて、規制が驚くほど甘くなっている。それはそうだろう。だって千四百人も女髪結がいるのだから。つまり幕府の禁令も美しい髪型をして町を練り歩きたいという女性の願いには敵《かな》わなかったのである。

明治時代になると、女髪結はもっぱら芸妓たちの髪を扱うようになり、その稼ぎも男顔負けになっていく。妻の稼ぎで生きている夫のことを「髪結いの亭主」というが、じつはこれ、明治時代になってから成立した慣用句なのである。

風邪に名前を付ける庶民と手当を出す幕府

二〇二〇年二月、中国武漢からはじまったコロナウイルスによる新型肺炎が猛威をふるい、世界各地でパンデミックが起こり、日本でも患者数が増え、多くの方が亡くなった。

十五年前の二〇〇九年、私の勤務する高校で予定されていたマレーシアへの修学旅行が急遽《きゅうきょ》、中止になってしまったことがある。その理由は、新型インフルエンザが流行しはじめたからだ。カナダから帰国した高校生が成田空港の検疫で新型インフルエンザ（H1N1亜型）に罹患《りかん》していることが判明。政府は空港や港での検疫によって流行を防ごうとしたが、努力空しくパンデミックが起こった。重症化して死に至るケースは少なかったものの、改めて伝染病の恐ろしさを知ることになった。

明らかな確証はないものの、江戸時代にも、たびたびインフルエンザを疑わせる「風邪」の流行が起こっている。興味深いのは、江戸時代の人びとは、風邪やインフルエンザが大流行するたびに名前を付けていることだ。

たとえば明和六年（一七六九）に流行った風邪は「稲葉風」、安永五年（一七七六）は「お駒風」、天明四年（一七八四）の「谷風」、享和二年（一八〇二）は「お七風」、文化五年（一八〇八）の「ネンコロ風」といった具合にだ。

風邪が流行った年に、話題になった人物や歌などをそのまま風邪の名称にしているのだ。たとえば「お駒風」はこの年に流行した人形浄瑠璃『恋娘昔八丈《こいむすめむかしはちじょう》（城木屋お駒）』に由来する。また「谷風」は、無敵といわれた横綱・谷風梶之助の名である。あるとき谷風が「俺が倒れたのが見たいのなら、風邪をひいたときに来い」といったら、本当にいち早く風邪にかかり、現役のまま亡くなってしまったという。ちょっとまゆつばな話である。

また、「そんれはおほきにお世話へ」（山東京山著『蜘蛛の糸巻』）という童謡が流行ったので名付けられた「おせわ風」だが、翌年、戯作者の山東京伝（京山の兄）はこの風邪の名からヒントを得て、「おせわという人気の遊女が深川にいて、客が床に入ったとき団扇であおいだ。すると客はたちまち襟元がゾクゾクして風邪を引いて熱にうなされ、いろいろなことをしでかす」という草双紙を書き上げたといわれる。

ちなみに享和二年の「お七風」は、八百屋お七を主人公にした歌舞伎が大流行したときに、流行った風邪である。お七は、放火によって十五歳で火罪に処せられた少女がモデルになっている。

犯行の前年、お七の店は火事で焼け、寺院でしばらく避難生活を送ったが、やはり被災して寺に来た十七歳の少年に恋をしてしまった。恋しさが募《つの》ったお七は、「また火事で焼け出されたら、きっと彼と会えるはず」そう思い込み、犯行におよんだのである。火事はぼや程度で済んだものの、幕府の法律に照らせば、放火は火焙りの刑だ。ただし、十四歳までは死一等を減じることになっていた。そこで町奉行の北条氏平は、「そなたは十四歳だな。そうであろう」と情けをかけたが、彼女は「十五歳」と答えてしまったため、死罪に処せられたのである。

このお七の悲恋は、井原西鶴の『好色五人女』に取り上げられ、以後、たびたび芝居で演じられてきた。天和三年（一六八三）にあった出来事だとされるが、近年の研究では、果たしてこれが史実なのかどうか、よくわからないのだそうだ。

さて、幕府もときには粋な計らいをすることがある。「お七風」が流行っているとき、なんと、風邪を引いた者に補助金を与えたのである。以下、原文を紹介しよう。

「此節、一統風邪流行に付、其日稼《かせぎ》（日雇い労働者）の者共、別して難儀《なんぎ》いたすべき筋に付（経済的に困っているだろうから）、御憐愍《れんびん》の御趣意をもって（かわいそうだという考えから）、御救（救済）の儀、仰せ出され候。これより棒手振《ぼてふり》（天秤棒で商売する零細商人）日雇稼其外諸職人にても、其日稼の賃銭を取り、家内扶助《ふじょ》致し候類《たぐい》の者（家計を担っているような者）、家内のうち三歳までの小児は相除き、四歳より人数へ加え、風邪病人の有無にかかわらず、独身の者は一人銭三百文ずつ、二人暮らし以上の者は一人二百五十文ずつのつもりをもって、人数に応じ、御救いくださる」(享和三年三月)

ちなみに三百文というのは、現在の金額にして三千円から五千円くらい。四人家族であれば、そこそこ大きな金額になるだろう。

江戸時代のフェイク・ニュース

トランプ前大統領が自分に批判的なCNNなどのメディア報道をフェイク・ニュースだと攻撃したことから、ここ数年、この言葉をよく聞くようになった。フェイク・ニュースとは、公共のメディアや権力者がウソだと知りながら、人びとをあざむくために意図的に流す情報をいう。

さて、江戸時代のメディアとしては、瓦版《かわらばん》がよく知られている。実際は「読売《よみうり》」と呼ばれることのほうが多かったのだが、じつはこの読売、地震や火事といった災害が起こったさいは、かなり正確な情報を刻々と流したり、炊《た》き出し小屋の所在地を報道するなど、大いに役に立った。が、いっぽうで、いい加減なフェイク・ニュースをセンセーショナルに平然と垂れ流してもいたのである。

たとえば、娘三人の心中事件や若い女性の仇討《あだう》ち事件などは、実際にあったことより大げさに脚色して報道した。それぐらいならまだよいが、八歳の女児が子どもを産んだとか、継母が七歳の子を湯で殺したとか、人魚や妖怪が現れたとか、とても事実とは思えないようなデマを書いた絵入りの瓦版も出回った。

こうしたデマを拡散することは違法であり、幕府は厳しく取り締まっていた。しかし読売は、それでもあえてフェイク・ニュースを流し続けた。もちろんそれは、お金になるからである。基本的に読売は、二人一組で行動した。うちの一人が細い棒や扇子で瓦版の冊子を指し示しながら、節をつけてニュースの一部を美声で読み上げ、人びとを呼び集めたという。ときには三味線の弾き語りをするような読売もいたそうだ。

ただ、時代劇と大きく異なるのは、顔が割れないように深い編み笠をかぶり、夜に売り歩くケースが多かったことである。いい加減な記事を販売しているので、取り締まりの役人が来たら、面が割れないよう、さらに闇にまぎれて脱兎のごとく逃げるためだ。

当時の瓦版は木版の一枚刷りで、四文で売られることが多かった。いまの値段だと百円から二百円ぐらいだろうか。

幕府は、読売のように、顔を頭巾や編み笠、覆面で隠すことを固く禁じている。享和元年（一八〇一）十二月に幕府の大目付に宛てて出された法令には、次のように記されている。

「近来面体を隠し候頭巾をこしらえ、途中にてかぶり候者数多《あまた》これあり、奉行所より尋ね者に紛《まぎ》らわしき候間、前々よりこれあり候丸頭巾、角頭巾のほか、一切かぶり申しまじく候」

つまり、最近、顔を隠す頭巾をかぶっている者が多いが、町奉行所のお尋ね者と紛らわしいので、今後は一切かぶってはならないという意味だ。そして、

「面体を隠し候頭巾をかぶり、歩行候者これあるにおいては、屋敷にても廻り、この者見かけ次第、頭巾をとらせ、名前等も承け糺《ただ》し、疑わしき者に候は召し捕り、届けに及ばず、町奉行へ相渡さるべく候、もっとも咎《とが》め違いは苦しからず候」

とあるように、頭巾をかぶっている者を見つけたら、すぐに頭巾を取らせて名前を糺し、怪しいヤツは容赦なく捕縛して町奉行へ差し出してかまわないとしたのである。

幕府は読売だけでなく、デマを流す人間は、すべて厳しく罰する方針をとった。

たとえば延享三年（一七四六）には、以下のような触書（禁令）を出している。

「近頃、雷の儀につき、無筋虚説（いいかげんなデマを）申しふらし、物になぞらえ、

書き付け（書いたものを）流布いたし候者これあり。不届き至極《しごく》に候（とんでもないことである）。自今《じこん》何事によらず（今後はどんなことでも）、雑説虚説（デマ）を申しふらし候か、故無《ゆえな》き儀（ウソの）書き付け（チラシや瓦版）流布いたし候者、これあるにおいては、さっそくこれを捕らえ、月番の番所へ訴え出るべく候、吟味《ぎんみ》（取り調べ）の上、急度（厳しく叱り）申し付くべく候」

雷について、どんなデマが拡散されたのかわからないが、このように流言は取り締まりの対象になっている。場合によっては、お叱りだけで済まないケースもあった。

実際におこなわれた処罰例を紹介しよう。元禄元年（一六八八）六月、次のような通達が出た。

「頃日（最近）、馬のもの云《いう》（馬が言葉を話している）候由、申し触れ（言いふらし）候。先年も灸針の儀申しふらし、又々かようの儀申し出で、不届きに候。何者（誰が）申し出候や（言いふらしているのか）。一町切に順々はなし候者、先々たんたへ、これを書き上げるべし。初めて申し出候ものこれあり候はば、何方の馬もの申し候や（どこの馬が言葉を話しているのか）、書付いたし（書面にして）、早々申し出づべく候、こと薬の法くみ（処方箋）申しふらし候由、何の医書（どのような医学書）これあり候や。一町切に人別にたんたへ、書付出さるべく候。隠し置き候はば、曲事《くせごと》（けしからぬこと）たるべく候。有り体《てい》に（正直に）申し出るべくものなり」

馬が人の言葉を話すという噂が江戸に広まっていたので、幕府ではこの噂を流した者を特定しようとしているのだ。しかも、この通達が功を奏し、なんと、翌年三月に犯人が逮捕されたのである。首謀者は、筑紫園右衛門《つくしそのえもん》という浪人であった。

「この者の儀、去年夏中馬ものを申す由、虚説申し出し、其上はやり煩《やまい》よけ（病気よけ）の札並びに薬の法組（処方箋）をつくり、実なき事（事実ではない話）を書付（文章にして）、流布いたし、重々不届きに付いて、斬罪に申し付ける者なり」

このように園右衛門は「斬罪」、つまり首を切られてしまったのである。いくらなんでも、ずいぶん厳しい処置だ。

園右衛門がデマを流したのは、やはり金を儲けるためだった。この年、「ハロリコロリ」という奇病が流行っていた。これを予防するためには、「南天の実と梅干しを煎じて飲むとよい」という処方箋を書いた紙を売りまくったのだ。

これとは別に、当時、落語家の鹿野《しかの》武左衛門が「歌舞伎俳優の市川団十郎の乗り馬を演じている甚五兵衛が、贔屓《ひいき》の客が来たので思わず馬の姿のまま応答した」という落語をつくった。

これにヒントを得た園右衛門は、仲間の八百屋総右衛門らと相談して、人の言葉を話す馬の逸話と処方箋をうまく結びつけ、売り出したのだという。とても興味深いが、残念ながらこの両者をどのように結びつけたのかは、記録がないので不明である。

主謀の園右衛門は江戸引き回しのうえ獄門となったが、共犯の総右衛門も流罪と決まった。ただ彼はそのまま牢死してしまったという。一番とばっちりを食ったのは、落語家の鹿野武左衛門である。たまたまデマの拡散に、自分の落語が勝手に利用されただけなのに、なんと伊豆大島への流罪に処せられてしまったのだ。それから六年後に赦免され、江戸に戻ってこられた武左衛門だったが、島での生活は大変だったようで、心身の疲労がひどく同年、五十一歳で亡くなってしまったという。

さて、近年はマスコミや権力者だけでなく、インフルエンサー（フォロワーが多く影響力のある人）がフェイスブックやX（旧ツイッター）などのソーシャルメディアで発した虚報が、すさまじい勢いをもって拡散し、大きな社会問題になっている。また、一般人が面白半分でリポストすることで、犯人ではないのに犯人扱いされたり、いわれなき個人攻撃を受けて自殺する有名人やつぶれる店が後を絶たない。とくに匿《とく》名性《めい》の高いXの質《たち》の悪さは目にあまる。政府は厳しい法律をつくり、面白半分に炎上させて喜ぶ輩《やから》を片っ端からとっ捕まえて「晒し刑」にすべきだと思う。言論の自由などという人もいるが、これは立派な犯罪だ。

さて、デマが拡散するのは、やはり災害時が多い。たとえば東日本大震災のとき、私の携帯に数人の知人から「○○石油のコンビナートの大火災により、有害物資が雨として降るので外出をしないように」というメールが届いた。すぐにデマのチェーン・メールだと気がついたが、怖いのは彼らが親切心からデマを広げていることである。関東大震災のときも朝鮮人が井戸に毒を入れたというデマが拡散され、多くの方が犠牲になったが、元禄十六年（一七〇三）の将軍・綱吉時代の元禄大地震のときにも「もっと大きな地震が来る」、「富士山が大爆発する」という流言から始まって「地震が起こったのは綱吉の政治が悪いからだ」、「綱吉の生母・桂昌院に一位という高い位を与えたからだ」といった政権批判がわき起こり、さらに「特別な防火術がある」とか「夜な夜な光る物体が空を飛んでいる」といった奇怪なデマが広がり大きく社会が動揺している。幕府はデマについて厳しく取り締まると公言したが、地震から数年経ってもなかなかおさまる様子を見せなかった。

このようにデマや流言は、時の政権や社会を大きく動揺させる。だからこそ、江戸幕府は、フェイク・ニュースに敏感だったのである。

◉河合 敦（かわい・あつし）
歴史作家、多摩大学客員教授、早稲田大学非常勤講師。
1965年、東京都生まれ。青山学院大学文学部史学科卒業。早稲田大学大学院博士課程単位取得満期退学。歴史書籍の執筆、監修のほか、講演やテレビ出演も精力的にこなす。『教科書に載せたい日本史、載らない日本史』『逆転した日本史』『殿様は「明治」をどう生きたのか』シリーズ（小社刊）、『歴史の真相が見えてくる　旅する日本史』（青春新書）、『武将、城を建てる』（ポプラ新書）など著書多数。初の小説『窮鼠の一矢』（新泉社）を2017年に上梓。

禁断の江戸史
~教科書に載らない江戸の事件簿~

発行日　2024年11月5日　初版第1刷発行

著　者　河合 敦

発行者　秋尾弘史
発行所　株式会社 扶桑社
〒105-8070
東京都港区海岸1-2-20　汐留ビルディング
電話　03-5843-8843(編集)
03-5843-8143(メールセンター)
www.fusosha.co.jp

印刷・製本　中央精版印刷株式会社

ISBN 978-4-594-09923-7